商务谈判实务

主　编　谭亲强　袁　达　曾　嵘

北京理工大学出版社

BEIJING INSTITUTE OF TECHNOLOGY PRESS

内 容 简 介

本书全面系统地介绍了商务谈判的理论与实务。全书共分七个项目，按照商务谈判实际流程依次介绍了商务谈判认知、商务谈判准备、商务谈判开局、商务谈判报价、商务谈判磋商、商务谈判终结与签约、商务谈判沟通等内容。本书体现了新时代特色的商务谈判案例，融入了与商务谈判紧密结合的课程思政元素。全书以商务谈判真实工作流程为主线，以突出职业能力素养和实践工作技能的培养为核心，通过大量案例的具体分析和展示，将理论阐述融入实际谈判业务操作，突出商务谈判策略和技巧的应用。全书内容深入浅出，可读性、实用性较强，职业教育类型特点鲜明。

本书适用于职业院校、普通高校、成人高校的财经商贸类相关专业课程的教学，也可作为社会从业人员的自学参考书和培训用书使用。

图书在版编目(CIP)数据

商务谈判实务 / 谭亲强，袁达，曾嵘主编. -- 北京：

北京理工大学出版社，2024.4

ISBN 978-7-5763-3890-4

Ⅰ. ①商… Ⅱ. ①谭… ②袁… ③曾… Ⅲ. ①商务谈

判 Ⅳ. ①F715.4

中国国家版本馆 CIP 数据核字(2024)第 088495 号

责任编辑：陈莉华　　　　**文案编辑：**李海燕
责任校对：周瑞红　　　　**责任印制：**施胜娟

出版发行 / 北京理工大学出版社有限责任公司
社　　址 / 北京市丰台区四合庄路 6 号
邮　　编 / 100070
电　　话 / (010) 68914026 (教材售后服务热线)
　　　　　　 (010) 68944437 (课件资源服务热线)
网　　址 / http：//www.bitpress.com.cn

版 印 次 / 2024 年 4 月第 1 版第 1 次印刷
印　　刷 / 河北盛世彩捷印刷有限公司
开　　本 / 787 mm×1092 mm　1/16
印　　张 / 11.5
字　　数 / 262 千字
定　　价 / 62.00 元

前　言

　　教材是教育教学的主要依据，是立德树人的重要载体。党的二十大报告提出"加强教材建设和管理"，凸显了教材工作在党和国家事业发展全局中的重要地位。教材建设是从教育大国迈向教育强国的重要支撑，是事关未来的战略工程和铸魂育人的基础工程。扎实推进新时代教材建设，对于培养德智体美劳全面发展的社会主义建设者和接班人、加快推进教育强国建设具有重要意义。

　　谈判既是社会经济生活中的一项必不可少的技能，也是商务交往活动中国家、企业、个人间合作与较量的重要手段。事实证明，在市场经济环境下，在众多的商务活动中，商务谈判的重要作用逐渐凸显，商务谈判已成为职场人士必备的一种职业素养。本书旨在帮助高等职业院校的学习者树立正确的商务谈判理念、培养商务谈判的职业素养、了解商务谈判的工作流程和内容、掌握商务谈判的策略和技巧等，提高学习者商务谈判的综合能力。

　　商务谈判是一门既注重理论基础，又注重实践操作技能的课程，在本书的编写过程中，遵循了理论与实际相结合的原则，针对高等职业院校培育目标以及学生的认知特点、学习规律等，重点突出了新形态教材元素、操作技能的训练及思政元素的融入，每个项目安排了针对性的实训项目，体现了以就业为导向、能力与素养为目标的教学特点。本书共分为七个项目，项目内容包括商务谈判认知、商务谈判准备、商务谈判开局、商务谈判报价、商务谈判磋商、商务谈判终结与签约、商务谈判沟通。

　　党的二十大报告强调"全面贯彻党的教育方针，落实立德树人根本任务，培养德智体美劳全面发展的社会主义建设者和接班人"，对"培养什么人，怎么培养人，为谁培养人"这一根本问题，提出明确要求。本书编写以"高职学生为中心、能力提升为导向、理实一体相结合"为基本理念，以"增强学生专业认知和提升学生商务谈判基本能力"为出发点和落脚点，遵循高职院校学生成长成才的客观规律，突出以学生的学习效果和素质提升为导向，目的是为国家、社会、企业培养商贸精英。

　　本书在策划和编写过程中，突出了以下几个方面特色：

　　1. 定位准确，突出新形态教材元素

　　本书紧密结合高等职业教育人才培养的目标，广泛吸收各类商务谈判教材的精华，在全面介绍商务谈判理论知识的基础上，注重培养高职院校学生的商务谈判基本能力与素养，使之具备一定的商务谈判实践操作技能，本书在每个项目中都突出了新形态教材元素，包括视频、动画、思政案例及课外知识点链接等。

　　2. 理实结合，凸显案例教学

　　本书紧紧围绕商务谈判人员的职业特点和商务谈判工作的实际规律，通过每个项目开篇的引导案例及案例思考，每个任务中穿插的商务谈判案例，深入浅出地分析各知识点，从而引导学生对知识点的熟知与理解，帮助学生掌握商务谈判的技巧，提升学生的实际商务谈判能力。

3. 灵活融入思政元素，贯彻立德树人根本任务

本书的每个项目都增加了"素养目标"和"素养园地"栏目，让学生了解商务谈判领域的国家法律法规及相关政策，引导学生树立正确的世界观、人生观和价值观，坚持底线思维，遵纪守法，严守商业机密，具有法制思维和法治观念，树立起正确的职业操守，培养学生求真务实、严谨勤奋的工作态度；培养学生的独立思考和创新意识，培养团队意识和协作精神；提升学生的综合性思维能力和处理信息、解决问题的能力。

4. 重视实践能力，突出实训环节

本书每个项目不仅附有商务谈判练习题，巩固其重点内容，而且结合教学内容设计了案例分析和实训演练环节，通过分析案例和商务谈判模拟训练，使学生感受谈判氛围，增强趣味性，激发学生的学习积极性和创新性，进而提升商务谈判策略与谈判技巧的运用能力。

本书由袁达进行课程整体设计，湖南汽车工程职业学院谭亲强、袁达、曾嵘共同担任主编，湖南汽车工程职业学院邓仕燕、熊津津、殷兰波、盛丰，湖南工业大学肖靓莎，中国核工业二三建设有限公司张铁军担任副主编。其他参加编写的人员有湖南汽车工程职业学院岳伟、文轩、沈杰。在此，对完成本教材编写有帮助的人士表示衷心感谢！

由于编者水平有限加之时间仓促，书中难免有疏漏、不足之处，恳请同行专家和广大读者给予批评指正。

编　者

目 录
Contents

目录
Contents

项目一 商务谈判认知

知识目标

（1）了解商务谈判的概念与特征。
（2）熟知商务谈判的内容。

能力目标

掌握商务谈判的程序。

素养目标

（1）认识商务谈判对商务活动成败的重要性，了解商务谈判的原则与评价标准。
（2）培养读者的自立、自强及开拓进取精神。

思维导图

任务引入

"你切我选"的陷阱

美国谈判学会会长，著名律师尼尔伦伯格讲过一个著名的分橙子的故事。有一位妈妈把一个橙子给两个孩子，让他们分着吃。不管从哪里下刀，两个孩子都觉得不公平。两个人吵来吵去，最终达成了一致意见，由一个孩子负责切橙子，另一个孩子选橙子。结果，这两个孩子按照商定的办法各自取得了一半橙子，高高兴兴地拿回家去了。

在商务谈判中经常会用到"你切我选"的方法，这种方法看似公平，但却存在致命的双方利益损失陷阱，其主要的原因是没有事先了解清楚双方的需求。现在我们来看看两个孩子拿到一半橙子后是怎样处理的。

第一个孩子把半个橙子拿到家，把皮剥掉扔进了垃圾桶，把果肉放到果汁机上打果汁喝。另一个孩子回到家把果肉挖掉扔进了垃圾桶，把橙子皮留下来磨碎了，混在面粉里烤蛋糕吃。

　　从上面的情形中我们可以看出，虽然两个孩子各自拿到了看似公平的一半，然而，他们各自得到的东西却未物尽其用。这说明，他们在事先并未做好沟通，也就是两个孩子并没有申明各自利益所在。由于没有事先申明价值导致了双方盲目追求形式上和立场上的公平结果，双方各自的利益并未在谈判中达到最大化。

　　试想，如果两个孩子能够充分交流各自所需，或许会有多个方案和情况出现。可能的一种情况，就是遵循上述情形，两个孩子想办法将皮和果肉分开，一个拿到果肉后去喝果汁，另一个拿到橙皮后去做烤蛋糕添加剂。也可能是另外一种情况，双方经过充分沟通后，恰恰有一个孩子既想要皮做蛋糕，又想喝橙子汁。这样，想要整个橙子的孩子提议可以将其他的问题拿出来一块儿谈。他说："如果把这个橙子全给我，你上次欠我的棒棒糖就不用还了。"其实，那个孩子的牙齿被蛀得一塌糊涂，父母上星期就不让他吃糖了。于是听到对方这样说，就很快答应了。正好他刚刚从父母那儿要了5元，准备买糖还债，这下可以用这5元去做他最喜欢的事，就是打电子游戏，他才不在乎这酸溜溜的橙子汁呢。两个孩子通过充分的沟通与协商，创造了新的增值方案。

　　案例思考

　　请结合案例，谈谈你对两个孩子分橙子的方案存在哪些问题？从沟通的角度出发，你是否有更好的分橙子方案？

任务一　商务谈判的概念、特征和内容

一、商务谈判的概念

现代社会处处充满了谈判，人们在不知不觉中进行着一场又一场谈判。在现实生活中，大到国与国之间关系的处理，小到与家人、朋友同事之间的协商，谈判已经成为现代人需要具备的一种能力。

商务谈判是指有关商务活动双方或多方为了达到各自的目的，就涉及双方利益的标的物的交易条件，通过沟通和协商，最后达成各方都能接受的协议过程。可见，商务谈判正是这样一种为实现商品交易目标，而就交易条件进行相互协商的活动。

二、商务谈判的特征

商务谈判属于谈判的一种类型，它也具备谈判的一些共性特征。如行为的目的性、手段的协调性、对象的相互性。但是商务谈判作为一种特定的谈判形式，具有以下特征：

（一）商务谈判以获得经济利益为目的

不同的谈判者参加谈判的目的是不同的：外交谈判涉及的是国家利益，政治谈判关心的是政党、团体的根本利益，军事谈判主要是关系敌对双方的安全利益。虽然这些谈判都不可避免地涉及经济利益，但是常常是围绕着某一种基本利益进行的，其重点不一定是经济利益。而商务谈判则十分明确，谈判者以获取经济利益为基本目的，在满足经济利益的前提下才涉及其他非经济利益。虽然，在商务谈判过程中，谈判者可以调动和运用各种因素，而各种非经济利益的因素，也会影响谈判的结果，但其最终目标仍是经济利益。与其他谈判相比，商务谈判更加重视谈判的经济效益。所以，人们通常以获取经济效益的好坏来评价一项商务谈判的成功与否。不讲求经济效益的商务谈判就失去了价值和意义。

（二）商务谈判以价值谈判为核心

商务谈判涉及的因素很多，谈判者的需求和利益表现在众多方面，但价值则几乎是所有商务谈判的核心内容。这是因为在商务谈判中价值的表现形式——价格最直接地反映了谈判双方的利益。谈判双方在其他利益上的得与失，在很多情况下或多或少都可以折算为一定的价格，并通过价格升降而得到体现。需要指出的是，在商务谈判中，我们一方面要以价格为中心，坚持自己的利益；另一方面又不能仅仅局限于价格，应该拓宽思路，设法从其他利益因素上争取应得的利益。因为，与其在价格上与对手争执不休，还不如在其他利益因素上使对方在不知不觉中让步。这是从事商务谈判的人需要注意的。

（三）商务谈判对象的广泛性和不确定性

商品流通不受时空的限制。从逻辑上看，作为卖者，其商品可以卖给任何一个人，其销售范围十分广泛；同理，作为买者，他可以随意选购任何卖主的商品，其选择范围也具有广泛性。无论是买还是卖，在交易中谈判对象就有可能遍布全国甚至全世界。此外，为了使交易更有利，也需要广泛接触交易对象。另一方面，交易者总是同具体的交易对象成交，不可能同广泛的对象成交，而具体的交易对象在各种竞争存在的情况下是不确定的。

这不仅是交易对象方面的要求和变化，而且也是由自身方面的要求和变化所决定的。交易对象的广泛性和不确定性，要求谈判者不仅要充分了解市场行情，及时掌握价值规律和供求关系变化状况，而且要用不同的方式方法对待新、老客户。

三、商务谈判的内容

随着经济的发展，商务谈判的内容也越来越广泛，不但包括商品、劳务、技术等贸易谈判，也包括工程项目、投资和经贸合作谈判，还包括由于违约所造成损失的索赔谈判等。本小节主要介绍货物买卖谈判的主要内容：

（一）标的

标的即谈判涉及的交易对象或交易内容。在货物买卖合同中，标的即被交易的具体货物，并应为规范化的商品名称。

（二）商品品质

商品品质，即商品的内在质量与外观形态的总和。商品的品质特征可用多种方式表示，常用的表示方法有五种：

1. 样品表示法

样品可由买卖双方的任何一方提供，在双方确认后，卖方就应该供应与样品一致的商品，买方也就应该接受与样品一致的商品。样品一般要求一式三份，由买卖双方各持一份，另一份送给合同规定的商检机构或其他公正机构保存，以备买卖双方发生争议时为核对品质之用。除了确认样品，还应该规定商品一个或几个方面的品质指标作为检验品质的依据。

2. 规格表示法

商品规格是指反映商品成分、含量、纯度、大小、长度、精细等品质的技术指标。商品的品质不同，其规格差异很大，因此，谈判中必须对其做出具体、明确的规定。凭规格来确认商品的品质通常是比较准确的。

3. 等级表示法

商品等级是对同类商品质量差异的分类，是表示商品品质的方法之一。这种表示方法以规格表示法为基础，同一规格的商品由于不同厂家生产，其品质内涵不尽相同，因此，双方可以用等级加规格两项指标来对商品进行确定。

4. 标准表示法

商品品质标准是指经政府机关或有关团体统一制订并公布的规格或等级。不同的标准反映了商品品质的不同特征和差异。目前通用的标准有国际标准（简称 ISO）、国家标准和国家推荐标准（简称 GB 或 GB/T）以及行业标准（简称 HB）。另外，谈判双方也可以根据双方需要商议一个标准，明确双方需要的商品品质。

5. 品牌名或商标表示法

商品由于其品质好，知名度和美誉度很高，因此为广大用户所接受。在谈判中双方只要说明品牌名和商标，双方就能明确商品品质要求。但是，磋商时一定要注意同一品牌名和商标的商品是否来自同一厂家，同时还要注意防止假冒伪劣商品的出现。

（三）商品数量

商品数量是商品贸易谈判的主要内容，交易数量关系交易的成本和单价，直接影响谈判双方的经济效益。交易数量首先要了解计量单位。表示质量的单位有吨、千克（公斤）、克、磅等，表示个数的单位有件、双、套、打等，表示长度的单位有米、英尺、码等，表示面积的单位有平方米、平方英尺等，表示体积的单位有立方米、立方英尺等，表示容积的单位有升、加仑等。不同国家采用的计量单位不同，因此特别要注意计量单位之间的换算关系。

在商品贸易谈判中，对商品质量的计量方法容易产生争议。因为商品的质量不仅会受到自然界的影响而发生变化，而且许多商品本身就有包装与质量的问题。如果双方在谈判时没有明确计量方法，在交货时就可能因质量问题产生纠纷。

常用的质量计算方法有两种：一是按毛重计算；二是按净重计算。毛重是指商品和包装物的总质量，净重是指商品本身的质量。包装物质量又称为皮重，计算皮重通常有四种方法：（1）按实际皮重计算；（2）按平均皮重计算；（3）按习惯皮重计算；（4）按约定皮重计算。

在商贸活动中，以质量计量的交易商品，大部分按净重计价。对于按净重计价的商品如何扣除皮重，双方必须事先进行协商，以免交货时产生不必要的纠纷和矛盾。

（四）商品包装

在商品交易中，除了部分散装商品或无须包装的商品，大部分商品都是需要包装的。包装起到保护商品、便于储运和促销宣传等作用。包装费用也是商品成本和商品价格的重要组成部分，按照一般交易惯例，包装所涉及的费用包含在货价之中，不再另行收取费用。在商务谈判中，商品的包装是一个不可忽视的谈判议题。双方应主要讨论包装的种类、材料、规格、成本、技术和方法。商品包装种类有经营包装（内销、出口、特种商品包装），商品流通包装有运输包装和销售包装（外包装和内包装）。按包装内的商品数量分，有单个包装和集合包装；按包装材料分，有纸制、塑料、金属、木制、玻璃、陶瓷和复合材料等包装。

（五）商品运输

在商品交易中，卖方向买方收取货款是以交付商品为条件的。因此，运输方式和运输费用以及装运、交货时间和地点也是谈判的重要内容。

1. 运输方式

商品的运输方式主要有公路、水路、铁路、航空和管道等形式。目前，国内运输主要采取公路、铁路和水路为主，国外运输主要是采取海运、航运为主。选择合理的运输方式，必须对商品特点、运量大小、自然条件、装卸地点条件以及运输成本和运输方式进行综合考虑，选择合适的运输方式。

2. 运输费用

运输费用计算标准有按货物质量计算、按货物体积计算、按货物件数计算和按商品价格计算等。谈判中双方都要对货物的质量、体积、贵重情况等进行全面考虑，合理规划。

3. 装运、交货时间和地点

在商务活动中，很多合同纠纷都是由于装运和接货时间和地点规定比较模糊产生的。而且装运和交货的具体时间，直接影响货物在码头停放的成本、买方收到货物的时间以及投放市场的时间。因此，谈判时一定要根据运输条件、运输距离和运输成本明确交货的时间和地点。

（六）商品运输保险

商品运输保险是被保险人或投保人在货物装运以前，估计一定的投保金额（即保险金额），向保险人或承保人（即保险公司）投保货物运输险。被保险货物若在运输过程中遭受自然灾害或意外事故造成经济损失，则保险人负责对保险责任范围内的损失，按保险金额及损失程度赔偿保险利益人。

在国内贸易谈判中，谈判人员应当根据实际情况，把保险条件与交货地点联系起来考虑，即如果在卖方所在地交货，可由买方办理商品运输保险；如果在买方所在地交货，可由卖方办理商品运输保险。无论是何方办理保险，都应将保险费用计入经营成本。

在对外贸易谈判中，商品运输保险较为复杂，应在了解中国人民保险公司有关保险条款、对方国家的有关保险条款及国际通用做法的基础上，根据商品的性质、金额、包装情况、装载条件及赔偿及时与否，合理确定保险金额、险别以及按何种保险条款办理保险等事宜。

（七）商品检验

商品检验是指对交易商品的品质、数量、包装等实施的检查和鉴定。确定商品是否符合双方签订的合同中的规定以及划定违约的归属，是卖方履约的重要标志，也是买方支付货款的前提条件。许多国家的法律与有关国际公约都明确规定了买方收到货物后的检验权利和卖方所供货物不符合合同规定须承担的违约责任。卖方交货时要出示商品检验凭证，作为结算货款的依据；而买方收到货物时也应该进行检验，作为索赔的凭证。如果买卖双方对于商品检验结果出现不一致情况时，必须经过双方协商，另请第三方权威检验机构进行检验，并对检验结果出示检验证明，作为双方认定责任的依据。

（八）商品价格

商品价格是商务谈判的核心和焦点。因此，通常将其放在商务谈判的中后期进行谈判。买方希望买进的商品价格越低越好，卖方则希望高价卖出。商品价格是整个谈判最为敏感，也是最为重要的因素。商品价格是依据成本、质量、成交数量、供求关系、竞争条件及付款方式等来确定的。但是价格不是谈判的唯一内容，它不仅与运输方式、包装、交货时间等有关系，还与双方的合作关系和长远目标有关。在进行价格谈判时，应注意商品价格会随市场供求发生变化，因此，要明确是按现在市场价计算或按交货时市场价计算，还是按固定价格计算。否则，当市场价格变化时，如果双方没有事先约定，就可能在价格计算上产生纠纷。

（九）货款结算与支付方式

在商品交易中，货款的结算和支付是谈判的重要内容之一。不论用什么方式付款，买卖双方的付出和收入应该是合同中规定的总额。事实上，不同的支付方式，尽管总额不变，但是支付时间、支付地点、支付方式对买卖双方的支出和收益会有很大的差异。国内贸易结算方式采取现金结算和转账结算两种。现金结算，即一手交货一手交钱，直接以现金支付货款。转账结算是通过银行在双方账户上划拨的非现金结算。非现金结算的付款方式有两种：（1）先货后款，包括异地托收承付、异地委托收款、同城收款。（2）先款后货，包括汇款、限额结算、信用证、支票结算等。我国规定，各单位之间的商品交易，除按照现金管理办法外，都必须通过银行办理转账结算。这一规定的目的是节约现金使用，有利于货币流通，加强经济核算，加速资金周转。

（十）索赔、仲裁和不可抗力

在商品交易中，买卖双方往往会因权利、义务引起争议，并由此产生索赔、仲裁等情况。为了使争议得到顺利处理和有效解决，买卖双方在洽谈交易时，应对由争议提出的索赔和解决争议的仲裁方式，事先进行充分协商，并做出明确规定。同时，对于不可抗力导致合同无法履行的影响结果，也应做出规定。

1. 索赔

索赔是指一方认为对方未能全部或部分履行合同规定的责任时，向对方提出索取赔偿的要求。引起索赔的原因除买卖一方违约外，还有由于合同条款规定不明确，一方对合同某些条款的理解与另一方不一致而认为的对方违约。关于索赔条款要明确的内容有索赔依据、索赔有效期及索赔金额等。索赔依据一般是由索赔方通过权威机构检验出示的证明或实际的实事证据。如果提供的证据不实或非权威机构出示的证明，对方有权拒绝赔偿。索赔的有效期限要根据交易商品的特点，双方进行事先商定，确定一个合理的期限。索赔金额包括违约金和赔偿金两部分。违约金根据交易商品金额和违约具体情况进行协商约定比例或金额总数，违约金是对违约的惩罚。赔偿金则是对造成损失的补偿。如果违约金不能完全弥补违约给对方造成的损失时，应当用赔偿金补足。

2. 仲裁

仲裁是指合同当事人在产生争议不能解决的情况下，由仲裁机构居中作出的判断和裁决。仲裁一般有以下两个特点：（1）仲裁申请的自愿性，一致同意并通过订立协议确定，没有仲裁申请协议的争议是不予仲裁的；（2）仲裁结论的终局性，即一旦当事各方将争议递交仲裁，就排除了法院对该争议的管辖权，任何一方都不得再向法院起诉。因此，用仲裁方式解决争议，有利于保持交易关系，而且手续简便、费用较低、时间也较短。商务谈判中的仲裁条款应协商的问题主要是：（1）仲裁地点；（2）仲裁机构；（3）仲裁程序；（4）仲裁费用等。

3. 不可抗力

不可抗力指某些非可控的自然或社会力量引起的突发事件，如地震、水灾、旱灾等自然灾害或战争、政府封锁、禁运、罢工等突发事件。不可抗力可能会影响合同的顺利履行，贸易实践和各国法律均认可不可抗力，但对其细节没有统一规定。为防止交易中某一方任意扩大或缩小对不可抗力范围的解释和维护当事各方的权益，通过磋商并在合同中规定不可抗力条款是必要的。谈判中关于不可抗力条款一般涉及：（1）不可抗力事件的范围；（2）出具不可抗力事件证明的机构；（3）事件发生后通知对方的期限；（4）不可抗力事件后合同的履行和处理等。

任务二　商务谈判的程序

商务谈判是一项比较复杂的活动，受到内外环境各种因素的影响，因此，具体的某一个谈判会随时根据环境的变化调整谈判的方案。同时，各种商务谈判的具体谈判内容不同，当事各方的目标、实力、风格、策略等也不同，所以，各种商务谈判的内容方式各不相同。当然，一般比较正式的商务谈判，总是依照一定的程序进行的。商务谈判的程序或步骤，大体上可以分为三个阶段：

一、准备阶段

商务谈判直接影响组织的交易活动目标的实现，并关系到组织的经济利益和生存与发展。而谈判前的准备阶段的工作做得如何，对谈判的顺利进行和取得成功至关重要。

商务谈判前的准备阶段，应当包括以下各项工作：

（一）选择对象

选择对象即选择谈判的对手。当己方决定争取实现某项交易目标而需进行商务谈判时，首先要做的准备工作就是选择谈判对象。选择谈判对象应根据交易目标之必要和相互间商务依赖关系之可能，通过直接的或间接的先期探询即相互寻找、了解交易对象的活动，在若干候选对象中进行分析、比较和谈判的可行性研究，找到己方目标与对象条件的最佳结合点，以实现优化选择。

（二）背景调查

在确定谈判对象的基础上，应以"知己知彼"为原则，对谈判背景进行认真的调查研究。背景调查包括对己方的背景调查，尤其要做好对谈判对象的背景调查。调查的内容应包括环境背景、组织背景和人员背景等方面。背景调查实际上是谈判准备阶段的信息准备，要注重从多种渠道获取信息，建立谈判对象档案，并以动态的观点分析问题。

（三）组建班子

商务谈判是一项有目标、有计划、有组织的活动，必须依靠具体的谈判人员去实现。所以，组建好谈判班子，是谈判前最重要的准备工作。在很多情况下，某些组织在即将进行的谈判中其实具有相当的优势，但由于缺乏优秀的谈判人员和协调有序的谈判班子，反而导致了谈判的失败。因此，组建好谈判班子，是谈判取得成功的组织保证。一般来说，优秀的谈判班子的组建及运作，要抓好三个环节：（1）人员个体素质优化，即按照一定的职业道德、知识能力等识、学、才要求，做好对谈判人员的遴选。（2）班子规模结构适当，即一方面应根据谈判的客观需要和组织的资源条件，使谈判班子规模适当；另一方面应从组织、业务、性格、年龄等构成方面，使谈判班子结构合理、珠联璧合。（3）实现队伍有效管理，即通过谈判班子负责人的挑选和履行其职责，通过确定谈判方针和高层领导适当干预，实现对谈判队伍间接或直接的有效管理。

（四）制订计划

谈判计划是谈判前预先对谈判目标、谈判方略和相关事项所做的设想及其书面安排。它既是谈判前各项主要准备的提纲挈领，又是正式谈判阶段的行动指南。谈判计划是谈判的重要文件，应注意它的保密性，最好限于主管领导和谈判班子成员才可参阅。谈判计划的制订原则，应当合理、实用、灵活。制订程序应在明确谈判目标以及所要采取的谈判策略的基础上，经谈判班子成员集思广益，报主管领导审批确定。其主要内容一般包括：谈判各层次目标的确定、谈判各种策略的部署、谈判议程模式的安排、谈判所在地点的选择，以及必要说明及附件等。

（五）模拟谈判

模拟谈判是正式谈判前的"彩排"。它是将谈判班子的全体成员分为两部分，一部分人员扮演对方角色，模拟对方的立场、观点和风格，与另一部分己方人员对阵，预演谈判过程。模拟谈判可以帮助己方谈判人员从中发现问题，对既定的谈判计划进行修改和加以完善，使谈判计划更为实用和有效，同时，能使谈判人员获得谈判经验，锻炼谈判能力，从而提高谈判的成功率。模拟谈判的原则是：（1）善于假设，提出各种可能出现的问题。（2）尽量提高仿真程度，假戏真做。（3）把促使对方做出己方希望的决定作为模拟谈判目标。（4）认真总结经验，进行必要的反思。模拟谈判的形式，除现场彩排演练以外，还可根据谈判的实际需要，采用列表回答、提问论辩等形式。

二、谈判阶段

谈判前准备阶段的各项工作完成后，便可以按照谈判计划的时间和地点开始正式的谈判阶段。这个阶段就是谈判当事人为实现预定的交易目标，就交易条件与对方协商的阶段。它是全部谈判程序的中心和关键。

谈判阶段依照活动过程可以分为若干相互联结的环节或步骤。为了简明，这里划分为以下三个环节：

（一）开局

开局是指谈判当事人各方从见面开始，到进入交易条件的正式磋商之前的这段过程。开局的主要工作有三项：（1）营造气氛。即通过相互致意、寒暄、交谈等，营造一种和谐、融洽、合作的谈判气氛，使谈判有一个良好的开端。（2）协商通则。即根据谈判议题先对谈判目的、计划、进度等非实质性的安排进行协商，并相互介绍谈判人员。在英文中，目的（Purpose）、计划（Plan）、进度（Pace）、成员（Personalities）的第一个字母均为 P，故简称"4P"。（3）开场陈述。即分别简介各自对谈判议题的原则性态度、看法和各方的共同利益。各方陈述后，有时需要做出一种能把各方引向寻求共同利益的进一步陈述，这就是倡议。同时，通过对对方陈述的分析，也可大体了解对方对谈判的需要、诚意和意向，这就是探测。开场陈述之后，谈判即导入实质性的磋商。

（二）磋商

磋商即按照已达成一致的谈判通则，开始就实现交易目标的各项交易条件进行具体协商、讨价还价。它是谈判阶段的核心和最具有实质意义的步骤。磋商过程又包括：（1）明示和报价。明示，即谈判各方通过各种信息传递方式，明确地表示各自的立场和意见，暴露出分歧点，以便展开讨论。报价，不仅指在价格方面的要价，而且泛指谈判一方向对方提出的所有要求。（2）交锋。交锋，即谈判各方在已掌握的各种谈判信息的基础上，为了实现各自的谈判目标和利益，针锋相对、据理力争、反驳论辩、说服对方这样一个沟通交流的过程。交锋，常常是一个充满着挑战性的艰辛过程。交锋中，作为谈判人员，一方面要坚定信念、勇往直前；另一方面又要以科学的态度、客观的事实、严密的逻辑，倾听、分析对方的意见并回答对方的质询。（3）妥协。妥协，就是经过激烈的交锋，为了突破谈判僵局，防止谈判破裂和实现谈判目标所作出的让步。实际上，商务谈判不能"一口价"，磋商中的交锋也不可能各方一直无休止地争论和坚持己见。为了寻求都可以接受的条件和共同利益，适时、适当的妥协是完全必要的。妥协的原则应是：有所施、有所受；或者说，有所失、有所得。在商务谈判中，成功的谈判应当使各方都是赢家。而这种"双赢"的结果，必须从各方共同利益的大局着眼，求同存异、互谅互让。从这个意义上可以说，善于做出妥协让步，恰恰是谈判人员成熟的表现。

（三）协议

协议即协商议订，就是谈判各方经过磋商，特别是经过交锋和妥协，达到了共同利益和预期目标，从而拟订协议书并签字生效。协议标志谈判的结束，之前谈判席上唇枪舌战的对手，顿时亲密无间、互致祝贺。

三、履约阶段

经过谈判阶段，除中途破裂、分道扬镳者外，多数会达成协议。而谈判破裂者，有一部分还会重开谈判，最终言归于好。达成协议是谈判各方反复磋商取得的共识。而且，谈判达成一致的条件均具有不可更改性，即只要谈判各方达成协议、签字生效就不能再随意更改，这叫做谈判结束的"不二性"。所以，达成协议，应当说是谈判阶段宣告基本完成，但是，达成协议又只是交易合作的开始，许多合同内容如交货、支付等都只能是后续工作，因此，从实现交易目标的角度，达成协议绝不是大功告成。完整的商务谈判程序，必须包括履约阶段。

履约阶段的主要工作是检查协议的履行情况，做好沟通并认真总结。其中，如对方违约，应按照协议索赔；出现争议，需按照协议仲裁。只有在整个合同期协议的全部条款得到了落实，谈判各方的交易目标及交易合作才真正实现，谈判才画上了圆满句号。

同步案例 1 － 1

不严密的合同条款引起的争议

某年9月10日，某市建筑公司与建材公司签订黄沙购销合同，建筑公司购买建材公司黄沙30车，单价为350元/吨。合同签订后，黄沙价格开始上涨，市场价涨到400元/吨。建材公司经理李某见价格上涨，不愿如数供货，遂于10月12日给建筑公司的经办人张某去电话，提出因货源紧张，要求变更货物数量，少供货，遭到原告拒绝。李某遂于次日安排两辆"130"型货车，装了两车黄沙（每车装载2吨），送到建筑公司处，并要求以"130"型货车为标准计算交货数量。建筑公司认为尽管合同只规定交货数量为30车，但应以"东风牌"大卡车作为计算标准，即每车装载5吨，共150吨。为此，双方发生争议，建筑公司向人民法院起诉要求建材公司承担违约责任。

很明显，上述争议就是由于合同条款订立得不够严密造成的。

任务三　商务谈判的原则与评价标准

一、商务谈判的基本原则

在商务谈判中，虽然以经济利益为中心，但是并不能简单地认为取得了经济利益就是成功的商务谈判。因此把握评价标准，对于谋划商务谈判，全面实现目标和取得谈判的成功有重要意义。

商务谈判要想成功，就必须遵循一定的原则。商务谈判的原则是在商务谈判中各方都要遵循的指导思想和基本准则，是商务谈判内在的、必然的行为规范。商务谈判原则包含的内容非常丰富，其基本原则如下：

（一）自愿原则

商务谈判的自愿原则是指作为谈判主体的当事各方，不是屈服于某种外来的压力和他人的驱使，而是出于自身利益目标的追求和互补互惠的意愿来参加谈判的。自愿表明谈判各方具有独立的行为能力，能够按照自己的意志在谈判中就有关权利义务作出决定，同时，只有自愿，谈判各方才会有合作的要求和诚意，才会进行平等的竞争，才会互补互助、互谅互让，最终取得各方满意的谈判结果。在商务谈判的过程中，强迫性的行为是不可取的，一旦出现，自愿原则就会受到破坏，被强迫的一方势必退出谈判，谈判也就会因此而破裂。可见，自愿原则是商务谈判的前提。

同步案例 1 - 2

买卖自由的好处

百货公司新聘了一名员工，工作一天只接待了一位顾客。经理不满意，故意问新员工在新卖场开业这一天接待了多少顾客。

员工：一个顾客。

经理：一个顾客？那能买多少东西？（经理更不满意）

员工：5.8万元。

经理：5.8万元！亲爱的，你是怎么做到的？（经理亲切地拉着新员工的手问）

员工：我跟他讲现在有钱人都在钓鱼，他就准备买钓竿……我又介绍他买钓钩……钓丝……汽艇……大卡车……

经理：他究竟是想买什么呢？

员工：他老婆偏头痛，需要安静休息，来买阿司匹林。我建议周末无人打扰，可以去钓鱼，放松放松。

动画视频：
买卖自由的好处

（二）平等原则

平等原则是指商务谈判中无论各方的经济实力强、弱，组织规模大、小，其地位都是平等的。在商务谈判中，当事各方对于交易项目及其交易条件都拥有同样的否决权，达成协议只能协商一致，不能一家说了算或少数服从多数。这种同质的否决权和协商一致的要求，客观上赋予了各方平等的权利和地位。因此，谈判各方必须充分认识这种相互平等的权利和地位，自觉贯彻平等原则。贯彻平等原则，要求谈判各方不能把自己的意志强加于人。相互尊重、以礼相待，任何一方都不能仗势欺人、以强凌弱，商务谈判才能在互信合作的气氛中顺利进行，才能达到互助；只有坚持这种平等原则，才能实现互惠的谈判目标。可以说，平等原则是商务谈判的基础。

同步案例 1 - 3

一场不公平的谈判

A 国曾经与 B 国就天然气的买卖进行谈判。但 A 国谈判代表以强国自居，无视 B 国谈判代表团的感受，单方面拟订合同，并在合同文本中，将 B 国的需求置之度外。结果，B 国代表团以受到侮辱为由中断了谈判。

不公平的谈判必然导致双方利益的损失。

（三）互利原则

互利原则是指谈判达成的协议对于各方都是有利的。互利是平等的客观要求和直接结果。而且，商务谈判不是竞技比赛，不能一方胜利、一方失败，一方盈利、一方亏本，因为，谈判如果只有利于一方，不利方就会退出谈判，这样自然导致谈判破裂，也就成为无效劳动，谈判的胜利方也就不复存在。同时，谈判中所耗费的劳动，各方也就都只能是失败者。可见，互利是商务谈判的目标。坚持互利，就要重视合作，没有合作，互利就不能实现。谈判各方只有在追求自身利益的同时，也尊重对方的利益追求，立足于互补合作，才能互谅互让，争取互惠"双赢"，才能实现各自的利益目标，获得谈判的成功。正是从这一原则出发，著名的美国谈判学学者尼尔伦伯格（Gerard I. Nierenberg）把谈判称为"合作的利己主义"。

同步案例 1 - 4

谈判高手如何说服女明星

某国一家制片商与当时一位女明星签订了一份片酬合约，合约全额为 100 万欧元。当电影发行后，情况并没有预期那么好，制片商无法一次性付清女明星 100 万欧元的片酬。双方进行了几次协商，都没有达成一致，女明星准备去法院起诉制片商违反合约，要求按合同付款。如果女明星上诉，肯定会胜诉，制片商就只有宣告破产，然而，即使破产，其资产也无法付清片酬。这时，制片商请来一位谈判高手与女明星进行谈判，希望她接受分期付款的方式，每年付 5 万欧元，外加 1 万欧元利息，分 20 年付完，共计 120 万欧元。

女明星开始并不同意，谈判高手就从双方共同利益出发分析利害关系。谈判高手这样对女明星说：如果你去起诉制片商，制片商肯定破产，片酬有可能全部付清，但该国是累进税制，100 万欧元收入要扣除很大一笔税收。也有可能制片商破产后资不抵债，那时你的损失会更大。另外，作为女明星，一般都是吃青春饭的，这一点你必须承认。现在片酬较高，不能保证以后每年片酬都这么高，那如何保证以后每年都有稳定的收入来源呢？这些问题你得仔细想想！

如果你选择分期付款，保住了制片商，也就保住了你的合同，每年收入 5 万欧元，外加 1 万欧元利息，这个收入在免税之内，而且你未来 20 年，每年都有稳定的 6 万欧元收入保障。很显然，谈判高手从共同利益出发说服了女明星，她最终接受了分期付款方案，保住了制片商，实现了双赢。这里只有一个倒霉蛋，那就是该国联邦税务局，白白流失掉几十万欧元税收。

（四）求同原则

求同原则是指谈判中面对利益分歧，从大局着眼，努力寻求共同利益。贯彻求同原则，要求谈判各方首先立足于共同利益，要把谈判对象当作合作伙伴，而不仅视为谈判对手，同时要承认利益分歧，正是由于需求的差异和利益的不同，才可能产生需求的互补和利益契合，才会形成共同利益。贯彻求同原则，要求在商务谈判中善于从大局出发，要着眼于自身发展的整体利益和长远利益的大局，着眼于长期合作的大局，同时，要善于运用灵活机动的谈判策略，通过妥协寻求协调利益冲突的解决办法，构建和增进共同利益；要善于求同存异，不仅应当求大同存小异，也可以为了求大同而存大异。可以说，求同原则是商务谈判成功的关键，善于求同，历来是谈判高手具有智慧的表现。

同步案例 1 – 5

双赢还是双输？

某国印刷工会领导人伯特伦·波厄斯以"经济谈判毫不让步"而闻名全国。他在一次与报业主进行的谈判中，不顾客观情况，坚持强硬立场，甚至两次号召工人罢工，迫使报业主满足了他提出的全部要求。报社被迫同意为印刷工人大幅增加工资，并且承诺不采用自动化排版等先进技术，防止工人失业。谈判结果虽然以伯特伦为首的工会一方大获全胜，但报业主却陷入了困境。最终，三家大报社被迫合并，接下来便是报社倒闭，数千名报业工人失业。这一例证表明，一方全胜的谈判是不存在的，其实际就是两败俱伤。

（五）效益原则

效益原则是指商务谈判要重视效益，不仅要节约谈判成本，重视谈判自身的效益，而且也要重视谈判项目的社会效益。首先，商务谈判要重视谈判自身的效益。谈判也是一种投资，需要花费时间、人力、费用，商务谈判不能搞"马拉松"，只有以最短的时间、最少的人力和资金投入，达到预期的谈判目标，才是高效益的谈判，反之，就是低效益的谈判。同时，商务谈判也要重视社会效益，要综合考虑合作项目对社会的影响，重视谈判主体的社会角色和社会责任，努力实现组织自身效益和社会效益的统一。例如，某一投资谈判进行得很顺利，但若该项目投产将严重污染环境，显然这一谈判结果最终会受到社会的抵制，所以，只有在实现谈判自身效益的同时，实现良好的社会效益，才能保证谈判的成功。可以说，效益原则是商务谈判成功的保证。

（六）合法原则

合法原则是指商务谈判必须遵守国家的法律、政策，国际商务谈判还应当遵循有关的国际法和对方国家的有关法规。商务谈判的合法原则，具体体现在以下三个方面：（1）谈判主体合法，即谈判参与各方组织及其谈判人员具有合法的资格。（2）谈判议题合法，即谈判所要磋商的交易项目具有合法性。对于法律不允许的行为，如买卖毒品、贩卖人口、走私货物等，其谈判显然违法。（3）谈判手段合法，即应通过公正、公平、公开的手段达到谈判目的，而不能采用某些不正当的，如行贿受贿、暴力威胁等手段来达到谈判的目的。总之，只有在商务谈判中遵守合法原则，谈判及其协议才具有法律效力，当事各方的权益才能受到法律的保护。显然，合法原则是商务谈判的根本。

（七）诚实守信原则

诚实守信原则是市场经济活动的一项基本道德准则。一般认为，诚实守信原则的基本含义是指当事人在经济活动中应讲信用，恪守诺言，诚实不欺，在追求自己利益的同时不损害他人和社会的利益。我国古语讲："经商信为本，诚招天下客。"在商务谈判中，谈判者保持诚信是很重要的，对于双方之间的公开约定，必须践约，正所谓一诺千金。一个谈判者的风格可以千变万化，但是他的诚信必须是不变的，是可以依赖的。

当然，谈判者的诚实守信并不等同于谈判桌上的开诚布公，更不等同于把一切都和盘托出。精明的谈判者，既讲信用，又讲究分寸，他们绝不随意透露自己的全部意图，不暴露自己的真正需求，而是该明言则明言，该回避则回避，通过自己的人品取得信任，通过自己的策略赢得谈判。

📖 同步案例 1 - 6

晋商精神

《乔家大院》是中国电视剧史上讲述中国晋商的一部大戏，该剧讲述了一代传奇晋商代表——乔致庸弃文从商，怀抱以商救民、以商富国的梦想，经历千难万险终于实现了货通天下、汇通天下的故事。其以历史题材反映现实精神，通过主人公乔致庸跌宕起伏的从商经历和人生历程，深刻而又生动地展示了晋商文化中以诚实守信为本、以见利忘义为耻，以及重信重义、百折不回的精神品质。无论是三晋还是海内外，彼此在各自的文化景观下观赏《乔家大院》、审视晋商时，大家一致认为：晋商成功的根本在于儒商，而儒商的根本在于诚信。《乔家大院》剧中所表现的坚持"诚信为本""以义制利"的经商之道的晋商精神，使得晋商成为一个时代的传奇。

二、商务谈判成败的标准

评价商务谈判是否成功，我们可以以效益原则作为指导，既要考察谈判所付出的成本，又要考察谈判所带来的经济效益；还有谈判目标的实现程度以及后期的双方人际关系等。要克服单纯的经济观点和短期行为，具体来讲包括以下几项：

视频：商务谈判
成败的标准

（一）谈判既定目标的实现程度

谈判目标包括最佳目标和可接受目标，为了追求最佳目标把对方逼得无利可图甚至谈判破裂，达不成协议实际上是既没有实现最佳目标，也没能守住可接受目标，总之是没有实现谈判目标。成功的谈判应当是既达成了协议又尽可能接近己方预先制定的最佳目标，也尽可能接近对方预先制定的最佳目标。即最好的谈判结局是"皆大欢喜"，而且是在利益均沾基础上的"皆大欢喜"。

（二）谈判效率的高低

经济领域里的任何经济活动都是讲投入与产出的，商务谈判是经济活动的一部分，也讲究成本与效率。那么，谈判成本由三部分组成：（1）做出的让步之和的数值等于该次谈判的预期收益与实际收益之差，即最佳目标与协议确保的利益之间的差额；（2）所费各种资源之和的数值等于所付出的人力、物力、财力和时间等各项成本之和；（3）机会成本的数值可用企业在正常生产经营情况下，这部分资源所创造的价值来衡量，也可用因这些资源的被占用而损失某些获利机会所造成的损失来计算。对这三项成本人们往往比较关注第一项，而忽视另两项（特别是第三项），其中最典型的表现形式就是无休止地"玩谈判"，这是非常不利的。谈判效率，就是指谈判实际收益与上述三项成本综合的比率。如果谈判成本很高而收益很小，则谈判是不经济的、低效率的；如果成本低而收益很大，谈判就是经济的、高效率的。

（三）谈判后的人际关系

评价一场谈判的成功与否，不仅要看谈判各方的市场份额的划分、出价高低、资本及风险的分摊、利润的分配等经济指标，还要看谈判后双方的关系是否"友好"，是否得以维持谈判结果或者是促进和加强了双方的互惠合作关系。精明的谈判者往往具有战略眼光，他们不过分计较某场谈判的获益多少，而是着眼于长远与未来，因为融洽的关系是企业的一笔可持续发展的资源。因此，互惠合作关系的维护程度也是衡量谈判成功的重要标准。

综合以上三条评价标准，一场成功的谈判应该是谈判双方的需求都得到了满足，双方的互惠合作关系得以稳固并进一步发展。从每一方的角度来讲，谈判实际获益都远远大于谈判的成本，显然谈判是高效率的。

 **素养园地**

谈判解决问题　合作才是主流

十三届全国人大二次会议新闻中心于 2019 年 3 月 8 日 10 时，在新闻发布厅举行记者会，邀请国务委员兼外交部部长王毅就中国外交政策和对外关系相关问题回答中外记者提问。

在路透社记者问及"您认为中美两国是否正在走向冲突？如何来避免这种情况？中方如何来加强和美方的互信？您认为中美之间的贸易战会结束吗？"时，王毅回应称："中美关系历来是合作与摩擦并存，但是我们始终认为，合作是大于分歧的"。同时，王毅讲道，中美两国的利益已经高度融合。2018 年中美双边贸易额超过 6 300 亿美元，双向投资存量超过 2 400 亿美元，人员往来超过 500 万人次。美国几乎所有大公司在中国都有业务，几乎所有的州与中国都有合作。我们听到这样一种说法，有个别人声称要让中美"脱钩"。这显然是不现实的，与中国"脱钩"，就是与机遇"脱钩"，就是与未来"脱钩"，某种意义上也是与世界"脱钩"。中美只要坚持相互尊重，致力于平等协商，任何难题最终都能够找到双方都可以接受的解决办法。

（资料来源：环球网．十三届全国人大二次会议直播专题．http://china.huanqiu.com/special/2019rdlive/index.html？agt—1.）

思考：

中美贸易磋商应遵循什么基本理念？

素养提示：

中国的发展，毫无疑问得益于经济全球化；中国的发展，也为世界做出了巨大贡献。

这是中国长期以来追求大局意识、和而不同、包容协作等理念的体现。任何形式的保护主义，最终都只会伤及本国企业与消费者。合作才是中美关系的主流。这既是中美两国领导人的共同认知，也是双方各界的一致共识。

同步训练

一、单选题

（1）商务谈判的核心内容一般是（　　）。

A. 质量　　　　　　B. 付款　　　　　　C. 价格　　　　　　D. 交货

（2）古代谈判的方式通常是（　　）。

A. 战争　　　　　　B. 诉讼　　　　　　C. 协商　　　　　　D. 仲裁

（3）便于双方谈判人员交流思想感情的是（　　）。

A. 主场谈判　　　　B. 客场谈判　　　　C. 书面谈判　　　　D. 口头谈判

（4）在商务谈判中，双方地位平等是指双方在（　　）上的平等。

A. 实力　　　　　　B. 经济利益　　　　C. 法律　　　　　　D. 级别

（5）所有导致谈判僵局的谈判主题中（　　）是最为敏感的一种。

A. 价格　　　　　　B. 立场　　　　　　C. 付款　　　　　　D. 关系

（6）对重要的问题应争取在（　　）进行。

A. 主场　　　　　　B. 客场　　　　　　C. 中立场地　　　　D. 无所谓

（7）人们进行谈判的原因是（　　）。

A. 获得经济利益　　　　　　　　　B. 满足需要

C. 建立良好关系　　　　　　　　　D. 解决争议

（8）商务谈判首要的评价标准是（　　）。

A. 优化成本　　　　　　　　　　　B. 满足需要

C. 建立良好关系　　　　　　　　　D. 实现目标

（9）人们进行商务谈判的目的是（　　）。

A. 满足需要　　　　　　　　　　　B. 获得经济利益

C. 建立良好关系　　　　　　　　　D. 优化成本

（10）下列关于谈判的说法不正确的是（　　）。

A. 通过谈判人们可以满足需要

B. 谈判就是协商

C. 赢赢式谈判双方各占有 50% 的谈判成果

D. 谈判无处不在

二、多选题

（1）评价商务谈判成败的标准有（　　）。

A. 取得最大经济利益　　　　　　　B. 谈判目标实现的程度

C. 所付出的成本大小　　　　　　　D. 双方关系良好的程度

（2）在己方所在单位与对方谈判，能获得的好处和优势有（　　）。

A. 能及时向上级请示和交流　　　　B. 方便查找资料和数据

C. 能随时寻找借口退出谈判　　　　D. 能保持正常的生活状态

E. 有利于获得谈判对手的支持和理解

（3）商务谈判的原则包括（　　）。

A. 平等互利原则　　　　　　　　B. 守法原则

C. 优化成本原则　　　　　　　　D. 灵活机动原则

E. 守信原则　　　　　　　　　　F. 真诚合作原则

（4）商务谈判的特点包括（　　　）。

A. 交易对象的广泛性和不确定性

B. 以价值谈判为核心

C. 特别注重合同条款的严密性与准确性

D. 具有底线

E. 平等互利

F. 以获得经济利益为目的

（5）商务谈判按地点可划分为（　　　）。

A. 国内谈判　　　　　　　　　　B. 中立地点谈判

C. 客场谈判　　　　　　　　　　D. 国外谈判

E. 主场谈判

三、简答题

（1）什么是谈判？怎么理解谈判的内涵？

（2）商务谈判的基本内容有哪些？

（3）商务谈判的程序是什么？

（4）商务谈判的基本原则有哪些？

 课后实训

一、实训概要

本次实训的目的是认识商务谈判，学生按照实训步骤，以实训小组合作的形式完成认识商务谈判的实训内容。通过对商务谈判的基本内容进行认知学习，使学生熟悉商务谈判的概念、特征及基本内容，能够掌握商务谈判的程序，明确商务谈判的基本原则。

二、实训素材

计算机、网络等。

三、实训内容

我见过的"谈判"

要求学生以实训小组或者宿舍为单位，搜寻并收集整理谈判案例，在宿舍或者小组内交流，并以宿舍或小组为单位提交谈判案例和交流心得。

具体要求：

（1）以实训小组或宿舍为单位，将收集的谈判案例与心得写成文稿。

（2）以实训小组或宿舍为单位，制作 PPT 进行现场演示。

（3）完成实训任务后，教师安排小组之间互相评比，随后教师对各小组的实训做出点评。

项目二　商务谈判准备

知识目标

（1）了解信息准备的意义和原则。
（2）了解谈判方案的含义。
（3）掌握谈判方案制订的原则和依据。
（4）熟知谈判班子应具备的合理结构。
（5）理解不同谈判地点的利与弊。

能力目标

（1）了解信息准备的内容。
（2）掌握谈判方案的内容。
（3）理解谈判人员应具备的条件。
（4）熟知模拟谈判的形式。

素养目标

（1）认识商务谈判准备对商务谈判的重要性，了解商务谈判准备对人及组织的具体要求。
（2）培养读者诚实的人品和良好的职业操守。

思维导图

任务引入

凡事预则立，不预则废

张晓因为业绩突出，被提升为销售经理。他做了销售经理之后开始接触一些大客户，通过某种渠道张晓得知有一家银行准备更新所有的设备，这可是一笔大业务，张晓和银行方面接触后，对方也愿意和张晓合作，于是，双方就约好时间进行初次的商务洽谈，张晓非常希望能做成这笔业务，这是他升职后第一次独立面对这么大的客户，可这毕竟是张晓初次面对商务性的谈判，在谈判前张晓该做些什么准备工作呢？

　　"凡事预则立，不预则废。"谈判的信息准备工作是商务谈判的基础。优秀的谈判人员都十分注重信息在谈判中的作用，因为掌握的信息资料越全面、分析得越透彻，谈判成功的可能性就越大。

案例思考

　　请结合案例，思考在谈判前张晓该做些什么准备工作呢？

任务一 信息准备

一、信息准备的意义

信息准备是指收集、整理、分析各种与商务谈判有关的信息资料的过程。信息准备是商务谈判的基础工作，是商务谈判准备的重要环节，做好信息准备工作，对推动谈判的成功，实现谈判利益起着重要的作用。

（一）谈判信息是制订谈判方案的依据

谈判方案正确与否，在很大程度上决定着谈判的成败得失。一个好的谈判方案应当是谈判目标正确，谈判策略切实可行，谈判时间的选择、控制得当。要使所制订的谈判方案具备以上特征，就必须有可靠的信息作为依据。否则，谈判方案就成了无源之水、无本之木，其合理性、科学性也就无从谈起，谈判也不会取得良好的结果。

（二）谈判信息是控制谈判过程的手段

信息、时间、权力是进行谈判控制的三个最基本的要素，它们自始至终对谈判的发展方向和进程产生着影响，它们也是谈判者谋取谈判主动的基本手段。要想做到对谈判过程的有效控制，必须首先掌握详尽、准确的谈判信息，同时利用手中拥有的各种权力和对谈判时间的有效控制，影响谈判的发展方向和进程。

（三）谈判信息是促进谈判成功的基础

掌握大量、准确的谈判信息，就能够从扑朔迷离的谈判中发现机会，捕捉住达成协议的共振点，使谈判活动从无序到有序，进而促成谈判双方达成最终的协议。

二、信息准备的原则

（一）准确性

即信息资料的真实性、可靠性。真实是信息的生命，收集的信息要力求真实可靠。要保证信息的可靠、准确，首先要求资料的来源渠道是可靠的，是有据可查的，不能是道听途说的小道消息；其次要多渠道收集信息，通过不同渠道所获取信息的相互认证，来判断信息的真伪，通过多渠道获取信息也实现了从不同角度考察即将展开的谈判的意图，而不至于仅从一个侧面片面看待这场谈判。

（二）全面性

即信息资料的完整性、系统性。残缺不全的信息对谈判是无益的，因此要求收集的信息资料必须是与谈判有关的全方位的信息。这就要求信息的收集应从多方位展开，广泛收集，防止重要信息资料的遗漏，力求资料全面系统，使所收集的信息能从整体上反映出此次谈判的本来面目。

（三）科学性

即对资料的收集、分析要科学、客观，不能凭空臆测得出结论。例如，进行市场调查时，调查表的设计要科学；在进行现场考察时应全面、客观；在信息处理加工时，采用科学的方法，把可信度低、模糊程度高、不明确的信息暂时搁置起来；在信息的真伪甄别时，采用对比的方法，查实问卷内容是否全面、真实，信息资料有无造假、虚报、前后不一致等情况。

（四）针对性

信息准备是一项内容繁杂的工作，需要耗费大量的精力和时间，再加上与谈判有关的信息量又很大，短时间内很难把所有情况都调查清楚。这就要求在进行信息的收集整理时，要把重点放在与谈判联系最密切的信息资料收集上，要将最急需了解的问题作为优先调查的内容。

（五）及时性

即信息资料的时效性。信息有很强的时效性，尤其对一些在时间空间上变化较大的重要信息更是如此。只有适时的信息才有可能变成财富，这就要求在进行信息的收集和整理时，要时刻关注发展变化着的相关情况，快速地进行信息资料的整理、分析和传递。

（六）长期性

信息收集和整理是企业的一项长期工作，企业管理者在企业的日常管理工作中要重视这项工作，建立完善的信息收集网络，不间断地将各种重要信息随时进行收集、存档，从而为企业经营、商务谈判提供决策依据。

三、信息准备的内容

商务谈判是一项复杂的企业经营活动，其影响因素多，可控性差。一般来讲，凡是对谈判产生影响的信息都应在收集整理的范围之内。概括起来，这些信息应包括以下几个方面：

视频：信息准备的内容

（一）对方信息

对谈判对手信息的收集和分析研究是信息准备工作中最为关键的一环。谈判对手的信息资料也是谈判信息中最有价值和最难收集的信息。在商务谈判中，如果不设法最大程度上获取谈判对手的信息，就很难深入地分析了解谈判对手，就会冒较大的风险。谈判对手的信息是复杂多样的，在信息准备过程中，应侧重收集谈判对手的下列信息：

1. 对方的基本情况

首先应该掌握对手企业的性质、注册资金、主营业务范围、控股股东等基本信息。这样可避免因错误估计对方而造成失误，甚至上当受骗。应尽可能选择在国内或某一经济区域内具有一定知名度，注册资金雄厚，主营业务清晰，控股股东实力强大的企业作为谈判的对象。当然与这样的对手谈判不是一件轻松的事，要求有较高超的谈判技巧，谈判目标也不能过高，但一旦谈判成功，谈判利益就有了保证，较少有上当受骗的事情发生。

对那些知名度不高的企业，只要身份地位合法，资产真实有效，主营业务清晰，生产经营情况正常，也是我们较好的谈判对象。这些企业往往处于创业阶段，急于开拓市场，谈判条件一般不会太苛刻，有利于实现己方利益的最大化。对没有确切的办公场所，没有营业场所或自己的产业，人员不多的"皮包"型公司，一定要查清楚其真实情况，谨防上当受骗。尤其不要被对方虚假的招牌、优惠的条件所迷惑。

2. 对方的营运状况

尽可能掌握对方企业的营运状况。生产经营状况不好的公司，往往会负债累累，履约能力很差，会带来较大的违约风险。如果对方一旦破产，会给己方的利益造成很大的损失。

3. 对方的信誉

谈判对手信誉主要体现在以下两个方面：

（1）对对方合法资格的审查。如果谈判对手主体资格不合格或不具备与合同要求基本相当的履约能力，那么所签订的协议就是无效协议或者是没有履行保障的协议，谈判就会前功尽弃，甚至会蒙受巨大的损失。

对对方法人资格的审查，可以要求对方提供有关证件，如法人成立地注册登记证明等，详细掌握对方企业名称、法定地址、成立时间、注册资本、经营范围等。还要弄清对方法人的组织性质，是有限公司还是无限责任公司，是母公司还是子公司或分公司，因为公司组织性质不同，其承担的责任是不一样的。还要确定其法人的国籍，即其应受哪一国家法律管辖。对于对方提供的证明文件还要通过一定的手段和途径进行验证。

对对方合法资格的审查还应包括对谈判人代表资格或签约资格进行审查。在对方存在保证人时，还应对保证人进行调查，了解其是否具有担保资格和能力。在对方委托第三者谈判或签约时，应对代理人的情况加以了解，了解其是否有足够权力和资格代表委托人参加谈判。

（2）对谈判对手资本、信用及履约能力的审查。对谈判对手资本审查主要是审查对方的注册资本、资产负债状况、收支状况、销售状况、流动资金状况等有关事项。对方具备了法律意义上的主体资格，并不一定具备很强的行为能力，因此，应该通过公共会计组织审计的年度报告，银行、资信征询机构出具的证明来核实。

对谈判对手商业信誉及履约能力的审查，主要调查该公司的经营历史、经营作风，产品的市场声誉、财务状况，以及在以往的商务活动中是否存在不良的商业信誉。在国际贸易中还应避免产生认识上的误区，如"外商是我们的老客户，信用应该没问题""客户是朋友的朋友，怎么能不信任""对方商号是大公司，跟他们做生意，放心"等。对老客户的资信状况也要定期调查，特别是当其突然下大订单或有异常举措时，千万不要掉以轻心。

4. 对方的真正需求

谈判对手的谈判目标是什么，所追求的核心利益是什么，哪些是他们的附属利益，对这些问题己方应做到心中有数，这些信息是己方制定报价目标和讨价还价策略的重要依据。

同步案例 2 - 1

信息准备对汽车推销员的重要性

一位老练的汽车推销员每周能卖掉两辆汽车，其他同行都不知道他成功的经验是什么。当有人问他时，他说："其实很简单，我只不过能够得到更多的信息而已，"但是，周围的同事们却发现，这位汽车推销员和顾客进行的语言交流并不比他们多，甚至大多数时候他只是和顾客说一两句话就去干别的事情了，那么他是如何得到更多信息的？让我们看看他的做法吧。

在卖汽车的交易中，对于推销员来说最大的难题恐怕就是对待那些口口声声说"随便逛逛"的顾客了，因为这类顾客实际上最为精明，他们是在寻找最合适的便宜货，当推销员把价格告诉他们的时候，他们往往不做任何表示，然后再到其他的汽车交易商那里继续"随便逛逛"。而这位老练的汽车推销员遇到这种类型的顾客时，他绝不会轻易地把价格告诉对方，当然他也不会拒绝顾客的问价。他会迅速掏出自己的名片，写上顾客的姓名，并在名片的背面写上一个不可对顾客透露的数字，然后他把这个名片别在办公室的墙上，对顾客说："这就是你可能找到的最合适的价钱了。"他劝告顾客可以去和别的经销商谈谈，谈完以后再回来看看，他写在名片上的价格到底是多少。

等他做完所有的这些事情之后，他就会应付下一位顾客了，而且通常过不了多久，那位名片上的顾客就会主动回来找他，因为顾客们都对名片另一面的价格心怀好奇。当然，写在名片上的数字不一定是最合适的价钱，每当顾客做出这样的表示时，这名推销员就会通过他们同自己说话的声调、走路或握手的动作以及面部表情等非语言行为，观察他们的真实态度，这就是所谓的察言观色。然后他再假装不经意地问顾客："那么旁边那家汽车经销商和您谈的条件如何？"大多数的顾客都会把真实的情况告诉他，即使他们不告诉他真实的情况，推销员也知道其他竞争对手的汽车销售价格，他这么问的目的只不过是想了解一下顾客期望的价格水平。经过一番察言观色和沟通交流，这位推销员通常就会掌握一些非常重要的信息：（1）这位顾客是否正在考虑购买他的汽车；（2）顾客对竞争对手的价格也很清楚；（3）这位顾客期望的价格水平或额外服务是什么。现在，他就可以选择做还是不做这笔生意了，而通常的情况都是，他成功了，而且顾客也觉得购买他的汽车更加实惠一些。

5. 对方谈判人员的权限

谈判的一个重要法则是不与没有决策权的人谈判。不了解谈判对手的权力范围，将没有足够决策权的人作为谈判对象，不仅在浪费时间，甚至可能会错过更好的交易机会。一般来说，对方参加谈判人员的规格越高或者与企业核心领导人的关系越密切，权限也就越大。如果对方参加谈判的人员规格较低，己方就应该弄清楚对方参加谈判人员是否得到授权，对方参加谈判人员在多大程度上能独立做出决定，有没有决定是否让步的权力等。如果对方是代理商，必须弄清其代理的权限范围及对方公司的经营范围。

6. 对方谈判的最后期限

任何谈判都有一定的时间限制，谈判时限与谈判目标、谈判策略有着密切联系。谈判者需要在一定的时间内完成特定的谈判任务，可供谈判的时间长短就成了决定谈判者制定谈判策略和谈判目标的重要影响因素。可供谈判的时间越短，用以完成谈判任务的选择机会就越少，最后期限的压力常常迫使人们不得不采取快速行动，立即做出决定。可供谈判的时间较长，往往拥有较大的主动权和选择权。掌握了对方谈判时限，就容易了解对方在谈判中可能会采取的态度和策略，己方据此可制定相应的谈判策略。

7. 对方的谈判风格和个人情况

谈判风格是指在谈判中反复、多次表现出来的特点，了解对手的谈判风格可以更好地采取相应的对策，尽力促成谈判的成功。

此外，还要尽可能了解对手谈判班子的组成情况及个人情况，例如，主谈人背景，谈判班子内部人员的相互关系，谈判班子内每个成员的资历、能力、信念、性格、心理类型、个人作风、爱好与禁忌等。

（二）己方信息

古人云"知人者智，自知者明"。在谈判前的信息准备工作中，不仅要调查分析谈判对手的情况，还应该正确了解和评估谈判者自身的状况。没有对自身的客观评估，没有自知之明，就很难做到对双方实力的准确判断，并做出正确的决策。自我评估首先要看到自身所具备的实力和优势，同时要客观地分析自己的不足。

商务谈判多为互利合作型谈判，满足自身的需要是参加谈判的目的，同时还应考虑如何满足他人的需要。谈判者应该分析自己的实力，认清自己到底能满足对方哪些需要，例如，己方的生产经营状况，己方的财务状况和支付能力，己方能够提供的商品数量、商品品质、商品的技术指标，己方的售后服务能力与水平，己方与铁路等运输部门的关系等。如果己方具有其他企业所没有的满足对方需要的能力，或是己方能够比其他企业更好地满足对方的某种需要，那么己方就拥有了更多的与对方讨价还价的优势。

（三）市场信息

市场资料是商务谈判可行性研究的重要内容，在目标市场基本确定的情况下，对目标市场的相关资料进行收集和整理，也是信息准备的重要环节。市场方面的信息资料十分丰富，市场信息的准备主要是调查目标市场的供求情况、竞争情况。

（四）需求情况

需求情况包括目标市场上该产品的市场需求总量、需求结构、需求的满足程度，潜在需要量等方面的情况。通过这方面资料的收集与整理，摸清目标市场上消费者的消费需求和消费心理，掌握消费者对该产品的消费意向，客观估计该产品的竞争力，以利于和谈判对手讨价还价，取得更好的谈判效益。

（五）销售情况

销售情况包括该类产品在近几年的销售量及销售量变动趋势，销售价格及价格变动趋势；该类产品及替代产品的进、出口情况等。通过对该类产品销售情况，进、出口情况的调查分析，可以使谈判者了解该类产品的市场容量，从而确定科学、合理的谈判目标。

（六）竞争情况

竞争情况包含目标市场上竞争对手的数量，主要竞争对手的生产规模、产品性能、价格水平等，竞争对手所使用的销售渠道、销售组织形式、优惠措施、售后服务，竞争产品的市场占有率等。通过调查，使谈判者能够掌握竞争对手的基本情况，寻找他们的弱点，评估己方产品的竞争能力，在谈判中灵活掌握谈判条件。

（七）相关环境信息

谈判是在一定的法律制度和特定的政治、经济、文化背景下进行的。它们会直接或间接地对谈判产生影响。特别是涉外商务谈判，其相关环境因素甚至会对谈判产生决定性的影响。因此在谈判准备阶段也应认真收集整理这方面的信息资料。

任务二　谈判方案的制订

一、谈判方案的含义

谈判方案是指针对即将展开的商务谈判，根据客观的可能性，运用科学方法，从总体上对谈判目标、谈判策略、谈判时间等做出的决定和选择，是企业从全局出发对谈判活动进行的总体谋划和部署。谈判方案的可行、正确与否直接关系到谈判的成败，是谈判前期准备的关键所在。

谈判方案中应包括：具体明确的谈判目标；实现谈判目标的策略方法和措施；谈判时间的选择与控制等一系列内容。在商务谈判中，只有制订出科学、合理的谈判方案，才能做到有效地控制谈判，使谈判向己方预期的方向发展，实现己方的谈判利益。

二、谈判方案制订的原则和依据

（一）谈判方案制订的原则

1. 科学性原则

科学性原则是谈判方案制订的重要原则。其要求是谈判方案的制订要用科学的谈判理论作指导，用科学方法进行择优，切忌不切实际的凭空臆造。具体应做到：一是要进行谈判方案的可行性分析；二是要充分考虑影响谈判方案制订的各种因素；三是必须进行谈判方案反馈工作，及时进行谈判方案的优化调整。

2. 择优原则

择优原则是指决策者通过优化筛选从所有的可行性方案中选择最优方案。其要求是在决策过程中，要充分论证所制定的谈判目标的合理性，充分探讨谈判策略的可实施性和有效性，从而选择出操作性最强、效率最高的谈判方案。

3. 系统性原则

系统性原则包括合理性、先进性、合法性、有效性等方面。合理性要求谈判方案适应谈判的情势和双方在技术、商业习惯、财务等方面的例行准则。先进性要求谈判目标是需要经过努力才能达到的在现实基础之上的高目标。合法性要求谈判方案必须符合相关的法律规定，不能与谈判当事方所在国家或地区的现行法律法规、相关国际法和国际惯例相抵触。

4. 创新原则

创新原则要求决策者在谈判方案制订时要有创新、开拓精神，敢于探索新的谈判模式，提出崭新的谈判思路和方法，从而做出高质量的谈判方案。

（二）谈判方案制订的依据

在制订谈判方案时应重点考虑以下几个方面：

1. 有关谈判当事方的经济贸易法规、政策和规定

不同的国家或地区在经济贸易方面往往有不同的法令和规定，在谈判方案制订时要与其相适应，不能违反这些政策和规定。在国际商务谈判中还必须遵守相关的国际法和国际惯例。

2. 交易的重要性

对于交易额巨大或关系到本企业长远利益的谈判，在谈判目标、谈判策略和谈判措施上都要慎重决策，战术技巧上要做到稳扎稳打，谈判目标和让步策略要具有一定的灵活性。

3. 是否同对方保持长久的贸易往来

如果打算与对方保持长期贸易往来，就必须与对方建立起良好的关系，谈判人员之间也应有密切的私人交往，这样就要求本次的谈判目标不要过分苛刻，处理好短期利益与长远利益的关系，尽量避免采用对抗性较强的谈判策略。

4. 谈判时间的限制

如果此次谈判己方无较苛刻的时间限制，则可确定较高的谈判目标和采取较强硬的谈判策略。一般来讲，较长时间的谈判，谈判目标的弹性也较大，谈判策略也更加灵活，较短时间的谈判，谈判目标的弹性则较小。

5. 双方在谈判中的实力和谈判能力

如果己方的谈判实力和能力居于优势地位，则可确定较高的谈判目标和采取较强硬的谈判策略。反之，则要确定弹性较大的谈判目标和灵活多变的策略，以给己方留下回旋余地。

三、谈判方案的内容

商务谈判方案内容主要包括谈判主题、谈判成员分工、谈判时间和地点、谈判目标、谈判议程和进度、谈判双方优劣势、谈判各阶段策略、谈判预案等几个方面。商务谈判计划的内容与具体要求如表 2-1 所示。

表 2-1　商务谈判计划的内容与具体要求

内　容	具体要求描述
谈判主题	本次谈判需要解决的主要问题及双方期待的结果
组建谈判团队	确定谈判人员的角色，明确在谈判中承担的任务与职责分工
明确谈判目标	谈判目标分为定量目标和定性目标，包括最理想目标、立意达成目标（实际需求目标）、可接受目标和最低目标
谈判时间和地点	谈判双方通过沟通、协商确定的时间和地点
设计谈判议程	何时谈判，谈判多久，何地谈判，谈什么内容
设计谈判进度	先谈什么，后谈什么，具体议题时间的安排
分析双方的优势和劣势	谈判双方在本次谈判中对利益的要求，让步的可能性，获得利益的优势与劣势
制定谈判策略	开局方式以及报价原则与策略、磋商策略、僵局处理策略和促成交易策略的运用
设计谈判预案	除了准备启用的谈判方案，还要有其他方案的准备，如应对此次谈判中止或谈判破裂的处理方案

（一）确定谈判目标

1. 谈判目标的含义

谈判目标是指谈判应达到的具体要求，它是谈判的指挥棒。商务谈判的目标主要以交易条件的形式反映出来，例如，交易标的的数量、价格、质量、交货与支付等，此外还包含着市场占有率的提高，新市场的开拓等要求。确定正确的谈判目标有利于谈判利益的实现和促进谈判的成功，减少谈判的盲目性。

2. 自我需要的认定

满足需要是谈判的目的，清楚自我需要的各方面情况，才能制定出切实可行的谈判目标。

（1）希望借助谈判满足己方哪些需要。例如，作为谈判中的买方，应该仔细分析自己到底需要什么样的产品和服务，需要多少，要求达到怎样的质量标准，价格可以出多少，必须在什么时间内购买，对方必须满足己方哪些条件等；作为谈判中的卖方，应该仔细分析自己能够或愿意向对方出售哪些产品，提供的数量是多少，卖出价格最低底限是多少，对方的支付方式和时间如何等。

（2）各种需要的满足程度。己方的需要是多种多样的，各种需要重要程度并不一样。要搞清楚哪些需要必须得到全部满足，哪些需要可以降低要求，哪些需要在必要情况下可以放弃，这样才能抓住谈判中的主要矛盾，保护己方的核心利益。

（3）需要满足的可替代性。在谈判中需要满足的可替代性大的一方，回旋余地就大，如果需要满足的可替代性小，那么谈判中讨价还价的余地也就小。需要满足的可替代性包含两个方面：

①谈判对手的可选择性有多大。有些谈判者对谈判对手的依赖性很强，这样就会容易陷入被动局面，常常被迫屈从于对方的条件。分析谈判对手可选择性要思考这样一些问题：如果不和他谈，是否还有其他的可选择的对象；是否可以在将来再与该对手谈判；如果与其他对手谈判可得到的收益和损失是什么等。

②谈判内容可替代性的大小。例如，如果价格需要不能得到满足，可不可以用供货方式、提供服务等需要的满足来替代；眼前需要满足不了，是否可以用长期合作的需要满足来替代。这种替代的可能性大小，要通过认真分析评价来确定。

（4）满足对方需要的能力鉴定。谈判者不仅要了解自己要从对方得到哪些需要的满足，还必须了解自己能满足对方哪些需要，满足对方需要的能力有多大，在众多的竞争对手中，自己向对方提供的需要具有哪些优势，占据什么样的竞争地位等。

满足自身的需要是参加谈判的目的，满足他人需要的能力是谈判者参与谈判与对方合作的资本。谈判者应该分析自己的实力，认清自己到底能满足对方哪些需要，例如，出售商品的数量、质量、期限、技术服务等。如果己方具有其他企业所没有的满足对方需要的能力，或是谈判者能够比其他企业更好地满足对方的某种需要，那么谈判者就拥有更多的与对方讨价还价的优势。

3. 谈判目标的分类

谈判目标根据实现的可能性可分为三个层次：

（1）最低目标。最低目标是在谈判中己方必须达到的目标。对己方而言，宁可谈判破裂，放弃该合作项目，也不愿接受比最低限度目标更低的条件。因此，也可以说最低目标是谈判者必须坚守的最后一道防线。

商务谈判一般坚持不亏损原则，所以标的的成本往往作为谈判的最低目标，但当谈判是以开拓市场为目的时，就另当别论了。

（2）可接受目标。可接受目标是谈判人员根据各种主、客观因素，经过对谈判对手的全面评估，对企业利益的全面考虑，科学论证后所确定的努力争取实现的谈判目标。谈判中的讨价还价往往是围绕这一目标展开的，所以可接受的目标的实现，往往意味着谈判取得了胜利。

（3）最高期望目标。最高期望目标是对谈判者最有利的一种理想目标。实现这个目标，将最大程度地满足己方利益。一般来讲，己方的最高期望目标往往是对方最不愿接受的条件，因此很难得到实现。但是确立最高期望目标是很有必要的，它可以激励谈判人员尽最大努力去实现谈判利益的最大化。在谈判实战中，往往以最高期望目标作为己方的报价，有利于在讨价还价中使己方处于主动地位。

谈判目标的确定是谈判方案制订中的一个关键环节。首先，不能盲目乐观地将全部精力放在争取最高期望目标上，而很少考虑谈判过程中会出现的种种困难，造成束手无策的被动局面。一般来讲，谈判目标要有一定的弹性，定出上、下限，根据谈判实际情况进行适当调整。其次，在多条件谈判中最高期望目标不止一个，在这种情况下要将各个目标进行排队，抓住最重要的目标努力实现。最后，己方最低限度目标要严格保密，除参加谈判的己方人员之外，绝对不可透露给谈判对手，这是商业机密，如果一旦疏忽大意透露出己方最低限度目标，就会使对方主动出击，使己方陷于被动。

(二) 明确谈判的策略

1. 谈判策略的含义

在商务谈判过程中为实现特定的谈判目标而采取的各种方法、措施、技巧及其组合称为商务谈判的策略。谈判策略形形色色、多种多样，即策略无常性。在谈判实战中，要根据对谈判形势的分析，谈判中可能出现的情况，实事求是地制定出谈判可能采用的具体策略，做到事先有所准备。

商务谈判是"合作的利己主义"的过程，在这个过程中，参与谈判的双方都要为自己获得尽可能多的利益而绞尽脑汁。作为一种复杂的智力竞争活动，谈判高手无不借助谈判策略的运用来显示其才华。因此，谈判策略选用是否得当，能否成功，是衡量谈判者能力高低、经验丰富与否的主要标志。

2. 影响商务谈判策略选择的基本因素

一般来说，商务谈判策略的选择和运用主要取决于以下基本因素：

（1）谈判对象的状况。商务谈判对象的状况是指谈判双方的具体条件及状态，在商务谈判中，要根据双方的具体条件和状态决定所选用的商务谈判策略。通常，商务谈判的对象的状况主要包括：

①商务谈判对象的实力。这是选择商务谈判策略的主要依据，如果谈判对方实力雄厚，处于谈判的有利地位，则我方可选择的策略就受到很大的限制，在谈判中就不宜采用强硬型策略。

②商务谈判对象的地位和权力。如果对方主谈人是职位较高的企业中心领导，有较大的行政权力，那么在选择商务谈判策略时就会受到较大的限制，反之策略选择的自由度就

较大。

③商务谈判对象的风格和经验。如果对方是一位谈判高手，具有丰富的商务谈判经验，那么一般的谈判策略对其不会产生太大的作用，这时选用的商务谈判策略要多变，节奏也应稍快一些。

④商务谈判对象的动机和态度。商务谈判的重要性和与对方长期合作的可能性，通常影响谈判的动机和态度。对态度良好、渴望成功、追求合作的谈判者，所选用的商务谈判策略应柔和一些，尽量避免强烈的对抗。

⑤商务谈判对象的性格和气质。如对急躁直率的谈判者和温和婉转的谈判者，运用的商务谈判策略应有所不同，一般来说，对前者，多采用诱惑报价、求疵还价、象征性让步等诱其上钩的策略；对后者，则应多采用坦诚相待、利益协调、压力缓解等策略。

（2）商务谈判的焦点。如在单因素谈判中，由于利益点过于集中，使谈判变得非常艰难，冲突、僵局随时都会发生，这时最好把单因素谈判转化为多因素谈判，即采用把蛋糕做大策略。

（3）商务谈判所处的阶段。商务谈判所处的阶段不同，对商务谈判策略的运用也有所不同。如在开局阶段为建立友好的谈判气氛，则不宜采用对抗性策略；在讨价还价阶段由于直接关系到利益分配的多寡，双方会互不相让，则谈判的对抗性会很强。

（4）商务谈判的组织方式。商务谈判的组织方式主要指商务谈判的对象进入谈判的形式、规模和范围。如谈判对象是一个实体还是若干实体，是分别谈判还是联合谈判，联合谈判是紧密型的，还是松散型的，这对商务谈判策略的选用都是有影响的。

（三）确定谈判时间

谈判时间也是谈判的构成要素之一。谈判总是在某一特定的时间开始，又在一定的时间内完成。在一场谈判中，谈判时间要素有三个基本参数：谈判的开始时间，谈判过程中的时间控制和谈判的截止时间。

1. 谈判的开始时间

也就是说，选择什么时间来启动这场谈判。它得当与否，有时会对谈判结果产生很大影响。如一个谈判小组在经历了长途跋涉、喘息未定、身心疲惫之时，立即投入到了紧张的谈判中去，就很容易因为舟车劳顿而导致的精神难以集中，记忆和思维能力下降而误入对方圈套。所以应对谈判开始时间的选择给予足够的重视。一般来说，在选择开始时间时，要考虑以下几个方面：

（1）准备的充分程度。俗话说："不打无准备之仗"，在安排谈判开始时间时也要注意给谈判人员留有充分的休息时间，以免疲劳、仓促上阵。

（2）谈判人员的身体和情绪状况。谈判是一项精神高度集中，体力和脑力消耗都比较大的工作，要尽量避免在身体不适、情绪不佳时投入谈判。一般也不要在饱餐后投入谈判，因饱餐后人的思维能力也会明显地下降。

（3）谈判的紧迫程度。尽量不要在自己急于买进或卖出某种商品时才进行谈判，如避免不了，应采取适当的方法隐蔽这种紧迫性。

（4）从谈判的竞争技巧考虑，可以利用对方疲劳或在对方的最后期限临界点时开始关键问题的谈判，在对方精力不足、反应迟钝、时间压力极大的情况下，迫使对方让步。但有一点，这些工作应安排得天衣无缝，不然的话会招致对方的反对，引起对方的反感。

2. 谈判过程中的时间控制

在谈判进行过程中，可以利用对谈判时间进行有效控制的技巧，摆脱不利局面或争取更大的主动。如在需要时间去构思一些关键问题时，在需要时间去核实一些需要弄清楚的问题时，在需要时间去调整谈判策略时，为了回避对方提出的己方暂不知如何回答的问题时，可以采取暂停的方式影响谈判的发展方向和进程，当然，不能让对方察觉出己方是有意暂停，常用的借口有资料忘记带了，去卫生间，身体不适等。

对大、中型商务谈判来讲，很少经一次磋商就能达成协议，大多数要经历数次多轮磋商才能达成一致。这样，在两次磋商之间就形成了一个谈判的时间间隔。在谈判实战中应充分利用这一时间间隔，舒缓紧张的谈判气氛，调整各自的谈判目标和谈判策略。如在谈判双方出现了互不相让，紧张对峙的时候，双方宣布暂停谈判两天，由东道主安排一些旅游等轻松的活动，在友好、轻松的气氛中，双方的态度、主张有可能会有所改变，在接下来的重新谈判中，就更容易达成一致。

3. 谈判的截止时间

即谈判的最后期限。每一场谈判总不可能没完没了地进行下去，总有一个结束谈判的具体时间。在同一场谈判中的谈判对象，由于所处的环境不同，其确定的谈判截止时间是不一样的。

谈判的截止时间是确定谈判策略的重要因素之一，谈判时间的长短，往往直接决定着谈判者是选择轻松舒缓的谈判策略还是速决速胜的谈判策略。

这一时间还对谈判中处于劣势的一方构成很大的压力，因为他必须在限期到来之前，做出让步达成协议还是放弃交易终止谈判的选择，做这样的选择是很痛苦的。

一般来说，大多数的谈判者总是想达成协议，为此，弱势一方只能做出让步。在商务谈判中常常利用这一点，迫使对方让步，实现更大的谈判利益。

因此，在谈判中应始终保守住"己方谈判的最后期限"这个秘密，同时要时刻警惕对方对这个秘密的探测，避免对方利用这个秘密对己方展开攻击。

（四）预计可能会发生的问题

在制订谈判方案时，应把困难估计得充分一些，把谈判中可能会出现的问题设想得全面一些，并预先做好多套应对方案，当谈判中出现异常情况时，能及时启动备用方案，以免手忙脚乱，丧失谈判的主动权。

任务三　谈判人员的选择与管理

组建一支能打硬仗、高效、精干的谈判班子，是谈判成功的根本保证。高质量的谈判班子是通过高素质的谈判人员和谈判班子的整体优化实现的。

一、谈判班子的构成

谈判班子是指参加谈判的全体人员所组成的群体。要做好谈判班子的组建工作，首先要解决好两个基本问题。

（一）确定谈判班子的规模

合理的谈判班子规模不是绝对的，必须根据具体情况来确定。既可以是一个人，也可以是多人。一场谈判应配备多少人员才合适，应视谈判内容的繁简、技术性的强弱、时间的长短、谈判能力的高低以及对方谈判人员的多少来确定。

对于小型商务谈判，谈判人员多为1~2人，多数情况下只由一人全权负责，这种小型的商务谈判对人的综合素质及临场经验要求较高。

对于中型商务谈判，由于交易金额较大，需要协商的内容较多，工作量也较大，为了减少失误，谈判班子多由3~4人组成一个谈判小组。

对于大型的商务谈判，由于涉及的内容广泛，专业性强，资料繁多，工作量大，所以配备的谈判人员要更多一些，一般为5~8人，有时多达十几人，构成一个谈判代表团。代表团内根据实际工作需要，划分成若干个谈判小组，如商务小组、技术小组、法律小组等，每个小组负责不同方面的谈判。也可以组成台前和幕后两套班子，"台前班子"主要负责正面谈判，"幕后班子"负责收集、整理 相关资料，为台前班子提供技术服务。

每个谈判班子必须确定一名主谈人，负责谈判的领导、组织、协调工作。

总体来讲，谈判班子的规模要遵循精干、实用、高效的原则。班子的人员不可过多，绝不能存在冗员，以免内部意见难以统一，增大内耗。当然，班子的人员也不可过少，以免工作过于劳累，影响工作效率和工作质量。

（二）设计谈判班子的结构

一套好的谈判班子应具有一个合理的结构。在较为正规、复杂的大、中型商务谈判中，应尽量配齐各方面的人才，组成一个结构合理、长短互补的谈判班子。

1. 知识结构

在商务谈判中，由于交易标的和交易条件的不同，谈判所涉及的知识面很广，应根据谈判的需要，在谈判班子中配备有关方面的专业人才，如商务专家、技术专家、法律专家、金融专家等，对外谈判还应有翻译人员。各类人员不仅应精通本专业的知识，而且要对其他方面的知识也有所了解，如技术人员应懂得一些商务方面的知识，商务人员应懂一些金融、法律方面的知识，否则，很难做到各方面人员之间的相互协作。对于规模小，影响不大的谈判，参加谈判的专业人员可以身兼数职。

2. 性格结构

组建谈判班子时，还应考虑有一个合理的性格结构，即讲究谈判人员性格的协调，通过性格的互补作用，达到优化谈判班子的目的。如活跃和沉静是一对很好的补充。分配任务时，也应考虑性格因素，如对具有内向型性格的人，宜安排内务工作，如资料、信息的整理等；对具有外向型性格的人，宜安排了解情况、收集信息、对外的沟通协调等交际性工作；性格沉稳、思维缜密、组织能力强，且富有进取心的人，宜作为主谈人。切忌把那些具有典型性格特征的人安排到与本人性格相悖的工作中去。

3. 年龄结构

组建谈判班子时，还应考虑谈判人员的年龄结构。不同年龄段的人群由于阅历的不同，其知识的宽度、深度、时代感，经验的多寡，处事的方法，体力和精力相差很大。如老年人阅历深，经验丰富，人际关系广，但体力、精力较差，知识老化，进取心往往也不强；中年人经多年的工作磨炼，经验丰富，体力、精力较充沛，知识面广，工作责任心强，富有进取心；青年人的经验不足，考虑、处理问题欠周全，但体力、精力充沛，知识的时代感强，工作的冲劲足，富有进取心。

总体来讲，谈判班子应以中年人为主，辅以青年人和老年人。切忌谈判班子是由清一色的青年人或老年人组成。此外，班子内成员间必须关系融洽，能求同存异。

二、谈判人员应具备的条件

一方面谈判是智慧和能力的较量，谈判人员必须具备与之相适应的知识和能力，另一方面谈判中存在着巨大的各种利益，谈判人员必须能够抵制各种利益的诱惑。为了满足谈判工作的要求，谈判人员应具有良好的道德素养，广博的知识面，较强的业务能力和良好的性格气质。

视频：谈判人员应具备的条件

（一）道德素养

具有良好的道德素养，是对谈判人员最基本的要求，因为这决定着谈判人员能否坚持不懈地维护国家和民族的尊严，全心全意为企业谋利益。

（1）能够自觉贯彻执行国家的路线、方针、政策，遵守国家的法律、法规，有强烈的爱国热情和高度的责任感，廉洁奉公，不谋私利。尤其在涉外商务谈判中，能够坚定地维护国家和民族的尊严，维护集体的利益。

（2）具有强烈的事业心和正确的职业动机。有强烈事业心的谈判人员，在谈判中即使面临重重困难，也不会轻易放弃自己的立场，总是以百折不挠的精神，充分发挥自己的智慧和能力，去克服一切困难。当谈判取得一定成果时，也不会居功自傲，而是朝着更高的目标努力攀登。具有正确职业动机的谈判人员，往往会有强烈的职业自豪感，能够正确理解商务谈判的意义，自觉抑制个人行为，严格服从谈判纪律。

（3）具有团结合作的工作作风。谈判工作的协作性很强，必须由各方面协同完成，一个人的能力再强，离开了各方面的支持与配合，也会寸步难行。团结合作是谈判人员必须具备的优良品质。一个优秀的谈判人员，必须懂得尊重他人，把自己融入集体之中，能虚心听取各方面的建议和意见。

（二）知识要求

商务谈判涉及的知识极为宽泛，一般的商务谈判要涉及商务、技术、金融、法律、社会文化、宗教等多方面的知识。某些特殊的商务谈判还会涉及一些尖端科学，如生物工程、微电子、系统集成、纳米技术等方面的知识。这就要求谈判人员要有宽广的知识面，掌握与商务谈判有关的各学科的相关知识，尤其是对与本企业所生产经营产品有关的技术、市场、产业政策等方面的知识要有深入的了解。

一般来讲，商务谈判人员需要具备以下各方面的知识：

（1）熟悉我国经济贸易方面的方针、政策，了解国家关于对外经济贸易方面的政策、措施。

（2）熟悉我国颁布的相关经济法律、法规；了解有关国际贸易、国际技术转让和国际货物运输等方面的法规和惯例；了解谈判对象所在国家或地区的相关贸易政策、法律、法规、措施和管理制度等方面的知识。

（3）掌握交易标的的相关知识，如商品的原料、生产工艺、质量标准、检验、包装、运输等方面的知识。

（4）掌握与交易有关的商务、金融方面的知识，如商品成本核算及定价、价格条件、货物保险、汇率、支付币种的选择、支付方式等。

（5）掌握谈判对象所在国家或地区的社会文化、民俗、宗教等方面的知识。

对涉外谈判人员，应当熟练地掌握外语，甚至要求能用外语直接洽谈。

（三）业务能力

谈判人员的业务能力，是指谈判者能够驾驭谈判的能力，它是多种能力的集合，其中主要包括观察能力、语言表达能力、应变能力、自控能力、判断能力、控制能力等。这些能力是谈判人员在谈判中发挥作用所应具备的必要条件。对谈判者能力的具体要求，因谈判人员的地位、作用和职责的不同而不同。

1. 观察能力

观察能力是指谈判人员对谈判对象进行观察并善于发现和抓住其典型特征及内在实质的能力。谈判人员如能在同对手的接触中判断出对方的真实谈判意图等重要的信息，勾画出对方的谈判轮廓，对己方采取相应对策具有重要意义。

例如，在谈判中当己方的提议遭到对方的拒绝时，我们要善于分辨出是哪种情况的拒绝，是真的拒绝，还是策略性假意的拒绝，如果是后者，应能提供各种提议进行针对性讨论，促进协议的达成。

2. 语言表达能力

语言表达能力是指谈判人员在谈判中运用语言和行为传递有关信息的能力。谈判人员的语言表达能力主要体现在语言的表现力、吸引力、感染力和说服力上。此外，语言表达还要准确、适度，防止说理无据、强词夺理、任意发挥和不计后果。

在商务谈判中谈判双方都要为自己留下余地，协议的达成也是双方妥协的结果，因此，谈判人员应具有高超的语言表达能力，不要轻易向对方说"不"。

3. 应变能力

商务谈判的情势总是处在不断的变化之中，要求谈判者具有快速的反应能力。对突发情况，能做出快速、准确的反应，及时调整谈判的策略和方法。

4. 自控能力

自控能力是指谈判人员在环境发生激烈变化时，自身克服心理障碍的能力。谈判是相当严肃认真的活动，有时甚至紧张激烈。要求谈判者善于在激烈对抗的形势中能控制住自己的情绪和行为，坚定信念，以宁静的态度和恰当的举止来说服和影响对方。辩论时，思想要高度集中，态度要温雅平和，万一发生争执，也须待之以礼，切忌喜怒形于色。

5. 判断能力

判断能力是由一个或几个已知的前提条件推断出新结论的能力。在谈判过程中谈判各方对己方的核心信息都会守口如瓶，谈判人员往往要通过已掌握的信息推测对手的其他信息，为谈判的决策和控制服务。从这种意义上讲，谈判的过程也是一个判断推理的过程。如果在判断推理上能胜对手一筹，就能更加有效地控制谈判。

6. 控制能力

控制能力是指谈判人员有目的地运用各种谈判策略和技巧，使谈判的发展变化保持在既定的轨道之内的能力。谈判的发展趋势变幻莫测，前景难于预测，有时还会十分微妙，稍有不慎就可能坠入迷雾之中。这就要求谈判人员能运用各种手段和方法把握住谈判的发展方向，善于捕捉转瞬即逝的机会，使谈判按预定的轨道向前发展。

（四）良好的性格气质

谈判人员的理想性格气质是：性格开朗，举止、风度优雅，谈吐幽默风趣，思维敏捷，能够克制自己，具有团队精神，善于听取他人的意见，具有百折不挠的进取心。

（五）谈判班子领导人应具备的条件

谈判班子领导人，即主谈人或首席谈判代表，是谈判班子的核心。整场谈判主要是在双方主谈人间进行。因此，主谈人水平的高低，直接关系到谈判的成败。作为谈判班子的领导人，除了应具备普通谈判人员应具备的条件之外，还应具备优秀的组织协调能力、对外沟通能力和决策能力。

1. 组织协调能力

组织协调能力是指谈判领导人在谈判过程中解决各种矛盾冲突，使谈判班子成员为实现谈判目标密切配合、统一行动的能力。协调能力主要体现在善于解决矛盾冲突，善于鼓动和说服等方面。

2. 对外沟通能力

商务谈判是一项多方协同的工作，作为谈判领导人在内部要做到上情下达，一方面要对企业的决策者和企业的发展壮大负责，另一方面要对谈判班子的组织协调和谈判结果负责。对外还要处理好与对方的关系，使对方对己方的信任感不断提高，有利于协议的达成。

3. 决策能力

谈判领导人必须十分熟悉谈判各方面的情况，能依据谈判形式的变化，抓住时机，果断做出正确的决策。

4. 谈判领导人的工作方式最好与班子中其他成员的工作方式相似

谈判人员谈判能力的高低，在很大程度上取决于谈判人员的知识水平、实践经验和对自我的塑造。谈判人员应通过认真学习、勤于实践，在日常生活中有意识地主动培养良好的道德情操，塑造良好的性格，不断增强自身的业务能力。

三、对谈判人员的管理

（一）谈判成员的分工与协作

谈判小组成员在谈判过程中，既要根据谈判内容和各人专长进行适当的分工，明确各人的职责，又要在主谈人的指挥下，互相密切配合，彼此呼应，形成目标一致的谈判统一体。

一般来说，谈判人员的职责分工是：

（1）谈判领导人负责谈判的领导、组织、决策、协调工作，把握谈判的全局。

（2）技术人员要对有关商品的技术性能、质量指标、商品的原料与生产工艺、商品包装、货物的验收等条款的完整性和准确性负责，配合商务人员对谈判标的的价格进行分析。

（3）商务人员负责交易价格、运输、保险、交货、支付等条件的谈判，配合法律人员拟定或审查合同文本，配合谈判领导人做好对外联络工作。

（4）法律人员要对合同条款的合法性、完整性、公正性负责，依照要求，负责合同条文的谈判，合同文稿的草拟和审查。

（5）金融方面的人员要对谈判中的支付、结算等条款负责，在支付方式、结算货币的选择方面向商务人员提供建议。

（6）翻译人员负责语言的翻译工作，翻译内容准确，并有义务提醒己方谈判人员的不妥的谈话内容，但不能向外商表达个人意见。此外还应做好双方的沟通交流工作。

各类人员虽然在职责上各有分工，各负其责，但在谈判中绝不能"各人自扫门前雪"，而应该服从主谈人的指挥，相互配合，彼此呼应，发挥整体作战的功能。

（二）严格谈判纪律

谈判人员必须严格遵守谈判纪律，主要有：

（1）严格遵守保密制度，不得泄露有关谈判的一切信息，没有统一安排不得私自与对方工作人员通信和约会。

（2）必须绝对服从领导的工作安排，不得闹情绪，要顾全大局。

（3）班子集体决定的事情，必须严格执行，个人的不同意见只能保留。

（4）严格执行请示报告制度，如实反映谈判情况。

（5）在谈判中各成员间必须相互支持，不得相互拆台或制造事端。

（6）讲究礼仪，谈吐文明，举止大方，行为规范。

（三）对谈判人员的激励

通过对谈判人员的激励，充分调动谈判人员的积极性，进而推动谈判的成功，谋取谈判利益。对参与谈判的人员，无论是主谈人还是二线人员，均应有激励措施。激励有正向激励和反向激励，两者各有特点，在一定的条件下均可达到鼓励谈判人员积极向上，争取谈判最佳效果的目的。

1. 正向激励

正向激励是指针对谈判人员表现出的杰出的谈判才能、顽强的工作精神、一丝不苟的谈判态度及显著的谈判效果予以奖励，以表示肯定和赞扬。正向激励的方法有三种：

（1）晋升职位。即把人事干部的考核与其在谈判中的表现相结合，对于表现优秀者可以提升职位。

（2）提高奖金或安排休假。即把谈判目标的实现与否与奖金或带薪休假相结合，以对优秀者表示奖励。

（3）表扬。即根据其具体事迹，及时地以个别谈话或通报表扬形式予以激励。

2. 反向激励

反向激励是指对谈判人员表现出的工作疏忽、失谈、不负责任行为，以及对谈判造成的不良影响等情况进行的批评或制裁。反向激励的方法也有三种：

（1）批评。即针对错误行为对责任人进行个别或公开批评，以明辨是非，告诫他人，整肃谈判队伍。

（2）撤换。即对那些对外造成恶劣影响，对内造成不良后果的谈判人员，采取撤换的手段，让其退出谈判班子，以示处罚，并为后面的谈判创造条件。

（3）降职降薪。即对已经产生实际经济损失或造成极其恶劣影响的人员，进行撤换、降职、降薪的处罚，以警诫其他谈判人员。

任务四　谈判的其他准备

一、谈判地点准备

商务谈判地点的选择和场所的布置虽不像外交谈判、政治谈判那样苛刻，但合适的谈判地点和优美的谈判场所对商务谈判也会产生积极的影响，因此选择一个合适的谈判地点，布置一个优美的谈判场所对商务谈判来讲也是很有必要的。

 同步案例 2 - 2

选择合适的谈判地点有利于建立良好的关系

A 公司是国内某著名商用车公司。在进行某款商用车开发时，要进行整车外流场仿真设计（Computational Fluid Dynamics，CFD），但公司没有 CFD 分析工程师，也缺乏分析的软件与硬件设施。但这项工作事关整车产品的性能，必须要做。因此 A 公司产品开发经理开始在国内外寻找有能力的 CFD 分析合作方，并展开了多家设计咨询公司的多轮谈判，从技术谈判开始，最终筛选出两家企业，期间历时半年。技术方案与实施方案谈判完成后，进入最后的商务谈判阶段。

B 公司虽然在欧洲享有盛誉，但从未没有在中国市场实施过项目。因此 A 公司担心项目花费巨资后达不到预期效果。由此，A 公司希望在与 B 公司的首次合作中，B 公司能免费给 A 公司做一次 CFD 分析，如果首次合作效果良好，则考虑与 B 公司进行长期合作。而 B 公司在金融危机的环境下，急于拓展中国新业务以缓解企业财务危机，摆脱破产的风险。因此 B 公司想凭借自己在 CFD 方面丰富的经验和口碑赢得合作机会，且中国的该项目有较高的利润。

谈判就在这样的背景下进行了。

谈判过程：

第一轮谈判：会议地点为 A 公司会议室。B 公司开价 300 万欧元，A 公司无法接受。A 公司坚持首次合作是尝试性合作，B 公司应该放眼长远利益，双方各持己见，达不成统一意见。

第二轮谈判：会议地点改在某五星级酒店，会议前派技术部副经理开 GL8 商务车亲自前往机场接机，并安排外方所有参会人员入住该酒店，会议所产生的一切费用，包括机票和酒店，均由 A 公司承担。会议前一天，A 公司的总经理亲自宴请 B 公司所有谈判人员，当晚餐桌上，双方相谈甚欢。第二天，谈判开始，外方调整报价，由原先的 300 万欧元调整为 250 万欧元。A 公司见此报价心生不爽，但还是面带笑容，坚持首次合作为尝试性合作，双方仍坚持不下。谈判间歇，A 公司的翻译向 B 公司解释，250 万这个报价不符合中国国情，并解释"250"在中文中的深刻含义。B 公司对中国的国情有所了解，但可能是顾及在欧洲一贯的高姿态，此轮谈判他们仍然坚持报价，不做让步。

第三轮谈判：由 A 公司提出邀请，选择在青岛谈判。一方面 A 公司在青岛有厂房，另一方面正值青岛啤酒节。B 公司的谈判代表多数为德国人，对啤酒有深厚的感情。一下飞机，B 公司代表团就被直接带到啤酒节现场，加之青岛很多地方仍然保留当年租借地的风格建筑，谈判地点也被安排在一个具有德式风格的酒店里，B 公司代表显然很高兴。此轮谈判 A 公司最高领导人与 B 公司最高领导人同时出席，谈判还请来当地政府的一些官员亲临现场。谈判当天上午，A 公司带着 B 公司代表团参观青岛的工厂车间。下午谈判正式开始，不等 B 公司报价，A 公司领导人首先发言，表示此次合作是在当地政府官员的见证下的友好合作，希望做一次成功的项目，A 公司愿意承担由于此项目 B 公司代表往来于中国的全部费用，希望 B 公司考虑将来在中国顺利开展业务，有诚意地与中方合作，并表示首次合作一旦成功，将会与其签署 5 年的合作合同，价格按照国际惯例支付。最后，B 公司领导人决定：免费为 A 公司做一次 CFD 分析，但是硬件由双方一起采购，并同意培养中方工程师为 CFD 工程师，但是此次合作的成果，双方共享，B 公司有权利将相关项目信息作为后续的宣传资料。最后双方在青岛主管工业的官员见证下，签订了友好合作协议。

（资料来源：商务谈判案例及分析 . https://max. book118. com/html/2022/1022/811010 4140005004. shtm）

（一）在己方国家或公司所在地谈判

1. 有利因素

谈判者在家门口谈判，心理上有一种安全感和优越感，增强了谈判的信心；己方谈判者不需要耗费精力去适应新的地理、社会文化环境，从而可以把精力更集中地用于谈判；可以选择己方较为熟悉的谈判场所进行谈判，按照自身的文化习惯和喜好布置谈判场所；作为东道主，可通过对场外活动的安排调控谈判的气氛和进程，从心理上对对方施加影响；"台前"人员与"幕后"人员的沟通联系比较方便，谈判队伍可以非常便捷地随时与高层领导联络，获取所需资料和指示，谈判人员心理压力相对比较小；谈判人员免去车马劳顿，能够以饱满的精神和充沛的体力去参加谈判；可以节省去外地谈判的差旅费用和旅途时间，提高经济效益。

2. 不利因素

由于身在公司所在地，不易与公司其他工作彻底脱钩，经常会由于公司事务需要解决而干扰谈判，分散谈判人员的注意力；由于离高层领导近，联系方便，会产生依赖心理，一些问题不能自主决断而频繁地请示领导，也会造成失误和被动；己方作为东道主要负责安排谈判会场以及谈判中的各种事宜，要负责对客方人员的接待工作，安排宴请、游览等活动，所以己方负担比较重。

（二）在对方所在国家或公司所在地谈判

1. 有利因素

己方谈判人员远离家乡，可以全身心投入谈判，避免主场谈判时来自工作单位和家庭事务等方面的干扰。在高层领导规定的职责范围之内，更有利于发挥谈判人员的主观能动性，减少谈判人员的依赖性；可以实地考察对方公司情况，获取更直观的信息资料；免去了烦琐的招待、场所布置、安排活动等事务。

2. 不利因素

由于与公司本部相距遥远，某些信息的传递、资料的获取比较困难，某些重要问题也不易及时磋商。谈判人员对当地环境、气候、风俗、饮食等方面会出现不适应，再加上旅途劳累、时差等因素，会使谈判人员身体状况受到不利影响；在谈判场所的安排、谈判日程的安排等方面处于被动地位。

（三）在双方地点之外的第三地谈判

由于在双方所在地之外的地点谈判，对双方来讲是平等的，不存在偏向，双方均无东道主优势；在双方所在地之外的第三地谈判也存在较多的弊端，如双方首先要为谈判地点的确定而谈判，要确定一个使双方都满意的谈判地点也不是一件容易的事，在这方面要花费不少时间和精力。

一般来讲，第三地谈判通常被相互关系不够融洽、信任程度不高的谈判双方所选用。

（四）在双方所在地轮流谈判

有些多轮谈判可以采用在双方所在地轮流交叉谈判的方法，这样的好处是对双方都是公平的，各自都担当东道主和客人的角色，对增进双方相互了解，融洽感情是有益的。

二、谈判场所的选择与布置

 同步案例 2 － 3

动画视频：
谈判场所最适宜
的环境布置

谈判场所最适宜的环境布置

21 世纪初，国外 A 公司与国内 B 公司有合作意向，A 公司的高层领导怀着试一试的心态受邀来到北京，期待与 B 公司的高层领导会谈此次合作意向，在迎宾馆休息。迎宾馆内气温舒适，A 公司高层领导的心情也十分舒畅，与随行的陪同人员谈笑风生。A 公司高层领导的秘书仔细看了一下房间的温度计，是"17.8 ℃"，这正是 A 公司高层领导平常最习惯的温度。这个温度让 A 公司高层领导身体舒适、心情舒畅，为谈判的顺利进行创造了条件。

可见，B 公司对这次谈判是非常重视的，做了充分的准备，就连谈判对手最适宜的气温这样的细节问题都考虑到了，真可谓对谈判对手了如指掌。

（一）谈判场所的选择

商务谈判的场所应满足以下几方面要求：

（1）谈判场所所在地的交通、通信方便，便于人员来往。

（2）环境安静、优美、舒适，避免外界干扰。

（3）生活设施良好，使谈判者不会感觉到生活不方便、不舒服。

（4）作为东道主应当尽量征求对方人员的意见，满足对方人员的要求。

（二）谈判场所的布置

1. 主谈室布置

主谈室应当宽敞舒适，光线充足，色调柔和，空气流通，温度适宜，使双方能心情愉快，精神饱满地参加谈判。谈判桌居于房间中间。主谈室一般不宜安装电话和录音设备，如有必要，主谈室中可以安装多媒体演示系统。

2. 休息室布置

休息室是供谈判双方在紧张的谈判间隙休息之用，休息室应该布置的轻松、舒适，以便能使双方放松一下紧张的神经。室内最好布置一些鲜花，放一些轻柔的音乐，准备一些茶点，以便于调节心情，舒缓气氛。

3. 谈判的桌式

谈判的桌式应根据谈判的重要性、谈判的规模、谈判双方的密切程度具体安排，并遵循相关的礼仪礼节和国际惯例。谈判会场的布置及座位的安排是否得当，是检验谈判人员素质的标准之一。对于较大型的正规商务谈判，如果主人连谈判会场的布置及座位的安排都做不到符合国际惯例，就很难证明主方是谈判的行家。而且，在未与客方进行正式谈判之前，谈判会场的布置往往会给客方留下一个较深的印象，有些商人往往会根据谈判会场的布置状况去判断主方对本次谈判的重视程度和诚意乃至谈判者的素质。所以，谈判会场的布置与座位的安排有时候还可能影响谈判的成败。例如，一次较大型的谈判，如果谈判会场布置得马马虎虎、杂乱无章，就有可能给客方留下主人对本次谈判缺乏诚意、不重视的印象，从而给其后的谈判蒙上一层阴影。如果主方连座位都不会安排，就会使客方对主方的谈判素质产生怀疑，由此可使客方占尽心理优势。这时，有些商人就有可能故意设立关卡，甚至玩弄伎俩，从而人为地给谈判设置障碍。严重时，还可能使主方被动，并最终影响谈判的效益或成败。

一般来说，商务谈判时，双方应面对面而坐，各自的组员应坐在主谈者的两侧，以便互相交换意见，加强其团结的力量。商务谈判通常用长方形条桌，其座位安排通常如图2-1所示。

如图2-1所示，若以正门为准，主人应坐背门一侧，客人则面向正门而坐，其中主谈人或负责人居中。我国及多数国家习惯把翻译员安排在主谈人的右侧即第二个席位上，但也有少数国家让翻译员坐在后面或左侧，这也是可以的。

如图2-2所示，若谈判长桌端向着正门，则以正门的方向为准，右为客方，左为主方。其座位号的安排也是以主谈者（即首席）的右边为偶数，左边为奇数，即所谓的"左边为大"。

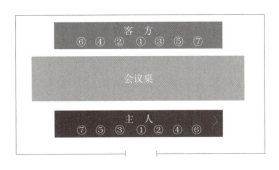

图2-1 谈判座位安排

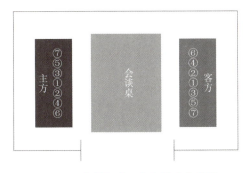

图2-2 谈判主方、客方的座位安排

若没有长条桌，也可用圆桌或方桌。一般来讲，比较大型、重要的谈判，谈判桌可选择长方形的，双方代表各居一面。如果谈判规模较小，或双方人员比较熟悉，可以选择圆形谈判桌，以消除长桌那种正规的、不太活泼的感觉。双方团团坐定，会形成一个双方关系融洽、共同合作的印象，而且彼此交谈容易，气氛随和。还有一种排位方法是随意就座，适合于小规模的、双方都比较熟悉的谈判。有些谈判还可以不设谈判桌。

与谈判桌相匹配的是椅子。椅子要舒适，不舒适使人坐不住；但是，也不能过于舒适，太舒适使人容易产生睡意，精神不振。此外，会议所需的其他设备和服务也应周到，如烟灰缸、纸篓、笔、笔记本、文件夹、各种饮料等。

谈判的桌式通常有以下三种：

（1）相对式。双方各居谈判桌的一边，相对而坐，谈判桌一般采用长条形桌或长椭圆形桌。这种桌式适用于比较正规、比较严肃的谈判。它的好处是双方相对而坐，中间有桌子相隔，有利于信息的保密，同方谈判人员相互接近，便于商谈和交换意见。它的不利之处在于人为地造成双方对立感，容易形成紧张、呆滞的谈判气氛，对融洽双方关系有不利的影响。

（2）圆桌式。谈判对象环绕坐在谈判桌的周围，谈判桌一般采用圆形桌或多边形桌。这种桌式多用于多边谈判，体现出谈判各参与方之间的对等关系。

（3）并列式。谈判双方在沙发上并列而坐。这种就座方式适合于双方比较了解、关系比较融洽的谈判。它的好处是双方不表现为对立的两个阵营，相互对视的时间较短，心理压力较轻，有利于活跃谈判气氛。不利之处是不利于谈判人员之间的内部交流和资料的保密。

总之，谈判场所的选择和布置要服从谈判的需要，要根据谈判的性质、特点，根据双方之间的关系、谈判策略的要求而决定。

三、谈判计划书的格式

（一）明确谈判的主题

本次谈判主要解决什么问题？期望达到什么目标？

（二）谈判时间与地点

（1）什么时候开始谈判？谈判多久？

（2）在哪里谈判？

东道主要将谈判具体地点通知客方，以便对方提前做好准备。因为时间和地点与气候有很大关系，如果谈判时间较长，客方则要考虑做好出行生活方面的准备。

（三）谈判成员与分工

（1）首席代表（也称主谈，通常是谈判组长）：主要负责谈判团队的管理、对谈判局势的控制和谈判的最终决策。

（2）技术代表：负责谈判项目的技术问题，如质量、设计、检验、交货时间、包装条款、售后服务和培训等。

（3）商务代表：负责市场行情、竞争分析、价格条款、优惠条件、违约责任、合作期限等商务方面内容的谈判。

（4）财务代表：负责成本、收入、利润、投资、投资回收、结算方式、支付货币和支付方式、保险购买等财务方面内容的谈判。

（5）法律顾问：负责违约处罚、协商、调解、仲裁和上诉法院条款，不可抗力的规定，合同签订时的合法性等问题的谈判和把关。

（6）其他成员：翻译人员；谈判秘书。

（四）谈判双方的优势和劣势分析

（1）我方优势与劣势分析。

（2）对方优势与劣势分析。

（3）我方谈判人员的结构及特点分析。

（4）对方谈判人员的结构及特点分析。

（5）如何针对客方谈判人员的特点做好应对措施。

（五）谈判各阶段策略的设计

（1）准备阶段的资料、信息及分工。

（2）开局阶段的策略及开场阐述。

（3）磋商阶段的策略及让步方式。

（4）分析可能出现僵局的时机和原因。

（5）处理僵局的方式和策略描述。

（6）如何发出成交信号，促成交易。

（7）谈判可能出现的结果以及如何做出谈判总结。

素养园地

华为与英国电信公司 BT 的合作谈判

在 2005 年，华为与英国电信公司 BT 达成合作协议，成为其全球合作伙伴。任正非在此次谈判中发挥了重要作用，成功地促成了这一合作。

BT 在与华为合作之前一直对华为持保留态度，担心其技术与安全问题。然而，任正非在谈判中采取了务实和透明的态度，对 BT 提出的安全问题进行了全面解释和说明。任正非还向 BT 提供了华为的安全保障措施，包括独立的安全审计和合规性评估。

此外，任正非还提出了更具竞争力的商务合作方案，包括为 BT 提供更具成本效益的设备和服务，并支持其业务发展和创新。这使得 BT 看到了与华为合作的机会和潜力。

最终，通过任正非在谈判中的领导和努力，华为与 BT 签署了合作协议，这一合作为华为在英国市场的发展奠定了基础，提升了华为在全球市场的声誉。

（资料来源：任正非成功的商务谈判 . https://wenku. baidu. com/view/7c92b004e63a580 216fc700abb68a98270feac44. html）

思考：

请结合任正非成功的谈判技巧，分析华为公司的价值观、企业文化是什么？

素养提示：

华为公司是一家享有全球声誉的科技巨头，其企业文化和价值观在行业内赢得了广泛的赞誉。华为的企业文化以"自主创新"为核心，强调员工的专业技能和创造力。此外，华为公司还坚守"顾客至上"的价值观，以满足客户需求为首要任务。

同步训练

一、单选题

（1）（　　）是商务谈判必须实现的目标，是商务谈判的最低要求。

A. 最低限度目标　　　　　　　　　B. 可接受目标

C. 最低期望目标　　　　　　　　　D. 最理想目标

（2）下列选项不属于对商务谈判人员约束的是（　　）。

A. 法律约束　　B. 道德约束　　　C. 责任约束　　　　D. 行政约束

（3）关于谈判组长的说法，正确的是（　　）。

A. 谈判组长就是谈判主谈人

B. 谈判组长肩负着谈判目标实施任务

C. 谈判组长一般由总经理担任

D. 谈判组长可以随意否定主谈人的论述

（4）下列不属于模拟商务谈判需要人选的是（　　）。

A. 知识型人员　　　　　　　　　　B. 预见型人员

C. 创新型人员　　　　　　　　　　D. 求实型人员

（5）下列有关主场谈判的说法错误的是（　　）。

A. 谈判者在家门口谈判，心理上有一种安全感和优越感，增强了谈判的信心

B. 己方谈判者不需要耗费精力去适应新的地理、社会文化环境

C. 可以选择己方较为熟悉的谈判场所进行谈判，按照自身的文化习惯和喜好布置谈判场所

D. 在高层领导规定的职责范围之内，更有利于发挥谈判人员的主观能动性，减少谈判人员的依赖性

（6）关于客场谈判，下列说法错误的是（　　）。

A. 由于与公司本部相距遥远，某些信息的传递、资料的获取比较困难，某些重要问题也不易及时磋商

B. 谈判人员对当地环境、气候、风俗、饮食等方面会出现不适应，再加上旅途劳累、时差等因素，会使谈判人员身体状况受到不利影响

C. 通常被相互关系不融洽、信任程度不高的谈判双方所选用

D. 在谈判场所和谈判日程的安排等方面处于被动地位

（7）关于模拟谈判下列说法正确的是（　　）。

A. 模拟谈判是商务谈判的必备环节

B. 模拟谈判是真实谈判的预演，是谈判准备工作的最后一项内容

C. 模拟谈判是谈判双方在正式谈判前所进行的非正式谈判

D. 模拟谈判的参与人员必须是有职务、地位或只会随声附和的人

（8）在谈判时间的选择上一般来说应注意（　　）。

A. 在准备不充分时应随机应变

B. 避免在情绪低落时进行谈判

C. 如是卖方谈判者，应避开卖方市场

D. 在用餐时进行谈判有利于达成谈判

（9）最优期望目标是指（　　）。

A. 谈判者的理想目标　　　　　　B. 谈判者必须要达成的目标

C. 谈判双方都满意的目标　　　　D. 谈判者能接受的目标

二、多选题

（1）谈判目标的不同层次包括（　　）。

A. 最优期望目标　　　　　　　　B. 双方满意目标

C. 可接受目标　　　　　　　　　D. 最低限度目标

（2）下列选项中属于制订谈判计划的要求的内容有（　　）。

A. 谈判计划的制订要简明扼要

B. 谈判计划的制订要力求明确严谨

C. 谈判计划的制订要体现出灵活性

D. 谈判计划的制订越简略越好

三、简答题

（1）信息准备的内容有哪些？

（2）谈判方案制订的原则和依据分别是什么？

（3）商务谈判方案包含哪些内容？

（4）谈判人员应具备哪些条件？

（5）不同的谈判地点分别有哪些有利和不利的因素？

 课后实训

一、实训概要

本次实训的目的是理解商务谈判的准备内容，学生按照实训步骤，以模拟商务谈判的形式完成实训内容。通过对商务谈判的准备内容进行认知学习，使学生熟悉商务谈判的基本内容及流程，能够掌握商务谈判的流程。

二、实训素材

计算机、谈判背景资料、PPT 等。

三、实训内容

（一）根据本实训项目的谈判背景，以小组为实训单位，如果你是苏州丝绸厂的谈判负责人，应用所学的知识为这次谈判制定价格谈判目标。

背景资料：中国香港的丝绸市场长期以来是中国内地、日本、韩国、中国台湾和中国香港几大制造商的天下。然而中国内地生产的丝绸产品由于花色品种和质量等问题在香港的市场份额大幅下降，企业的生存面临着极大的挑战。为改变这一不利状况，苏州丝绸厂决定开发新产品，拓展新市场，向欧美市场进军。在经过一番周密的市场调研后，苏州丝绸厂根据消费者的喜好、习惯和品位以及新的目标市场的特点和文化背景，开始小批量地生产各种不同花色、不同风格、不同图案的丝绸产品，力求满足不同层次、不同背景的人群需要。

苏州丝绸厂的产品平均成本价的构成为：原料坯绸的价格是每码（1码=0.914 4米）5美元，印染加工费是每码2.48美元。同类产品在欧洲市场上的最高价格可以卖到每码30美元，在香港的平均零售价是每码15美元左右。现有一位法国商人预购进一批丝绸产品，前来苏州丝绸厂洽谈购买事宜。

实训具体要求：

以小组为单位，采用PPT汇报的形式，对谈判目标的确定进行模拟。具体内容包括以下四个方面：

（1）最低限度目标。

（2）可以接受的目标。

（3）最高期望目标。

（4）评议结果。

（二）根据以上实训项目背景资料，讨论如何制定卖方在预付金额、对对方延期付款的意见、交货期以及保证期等方面的利益目标；制定出最低接受目标。

背景资料：苏州丝绸厂欲向美国某公司推销丝绸。公司原先报价的预期利润幅度为销售总额的32%（其中，商业性开支为12%，利润为12%，风险为4%，谈判机动为4%）。在报盘有效期内，如无意外风险，拟以30%的利润成交。影响预期利润率的意外风险因素如下：

（1）支付方式。在出口贸易中，卖方常常会遇到一些不利的支付条件。买方提出只付5%的预付款，并要求把货款的10%放在两年以后才付，如果这样，就会造成占商业开支3%的利息损失。

（2）交货延期罚款金。按国际惯例，卖方报盘中的交货期应是签约后的两个月，但买方提出签约后一个月交货，而且按每迟一周，罚金1%；若按买方条件成交，卖方就要冒4%迟交金的风险。

（3）保证条件。卖方提出的保证期是一年，但买方提出的保证期是两年，这样一来卖方就要增加1%的费用。

实训具体要求：

以小组为单位，采用PPT汇报的形式，对谈判目标进行综合模拟。具体内容包括以下三个方面：

1. 利益目标

（1）卖方预付金额。（2）对对方付款的意见。（3）交货期。（4）保证期。

2. 最低接受目标

（1）利润最大减让。（2）支付方式。（3）保证期。

3. 评议结果

项目三　商务谈判开局

🌀 知识目标

（1）了解商务谈判开局的程序。
（2）掌握商务谈判开局的方式。
（3）了解商务谈判开局的任务。
（4）掌握商务谈判开局的策略与技巧。

🌀 能力目标

（1）掌握营造恰当的谈判气氛。
（2）掌握巧妙地运用开局策略。
（3）掌握充分协商好谈判议程。

🌀 素养目标

（1）学会营造一种诚挚、合作、轻松愉快的谈判气氛。
（2）针对谈判交易道德底线的判断标准，培养读者的职业道德修养。

🌀 思维导图

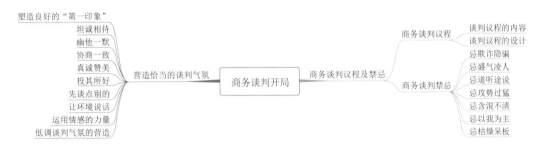

🌀 任务引入

坦诚相待的效果

我国北方的一个城市曾与美籍华侨洽谈一个合资碳化硅的项目，开始时，这位华侨对这个项目兴趣不大，只是在国内亲友的一再劝说下，才勉强同意与有关方面进行接触。这个城市的洽谈小组由副市长领导，在会谈的过程中，他们对这位华侨的态度十分友好，而且十分坦率。他们把自己的实际情况，包括搞这个项目的目的，项目对当地冶金工业发展的重要性，独资兴办这个项目存在的困难，以及他们对国外华侨的期望等和盘托出。这位华侨觉得对方非常的坦率，很受感动，就提出了许多有价值的建议，最后，双方经过坦诚的会谈，很快签订了意向书，会谈取得了很好的效果。

案例思考

请结合案例，谈谈商务谈判中坦诚相待策略的优势与不足？

任务一　营造恰当的谈判气氛

我们都想要营造一个良好的谈判气氛。但是，并不是所有的谈判都是在一种和谐、友好的气氛下开始的。例如，一次讨债的谈判，明明知道对方有钱，可对方不讲信誉，欠钱不还，这时可能开局就不那么和谐了。讨债方至少要在开局时就给对方一些压力，让其知道欠债不还是不对的，以引起对方的重视，进而在气势上占据上风。因此，要想获得谈判的成功，应该提倡根据谈判目的和谈判双方的关系营造一种恰当的谈判气氛。

在商务谈判中，谈判对象间所处的地位和谈判目标是不同的，谈判各方为取得最大限度的谈判利益，都希望营造一种对己方有利的谈判气氛。如谈判中的强势一方，可以营造一种"我说了算，你得听我的"的强硬谈判气氛，使对方在恐惧中做出最大限度的让步；谈判中的弱势一方，往往会努力营造一种"先追求平等对话，防止谈判破裂，努力实现己方利益"的柔和的甚至是能招致对方同情的谈判气氛。

商务谈判大都为互利合作型谈判，一般来讲，谈判对象在谈判中的强弱不是特别的明显，所以谈判对象间应以谋求一致为出发点，营造一种诚挚、合作、轻松愉快的谈判气氛。

商务谈判开局气氛的营造方法有多种，不同的方法适合于不同的谈判对象和谈判环境，在谈判实战中应根据具体情况做到灵活运用。

一、塑造良好的"第一印象"

在商务谈判的开局阶段，谈判人员的精力最为充沛，反应最为灵敏，听力、注意力、观察力大多处于峰值。在谈判对象会面后的短暂接触中，谈判人员的目光、神态、举止、表情、气质、谈话语调等都对谈判气氛的形成起着关键性的作用，因此，谈判者可从自己的行为、举止入手，塑造良好的谈判开局气氛。

视频：塑造良好的"第一印象"

1. 双方见面后不要急于切入正题

要想取得一种良好的谈判开局气氛，需要有一定的时间来酝酿，不能在谈判刚开始不久就进入实质性谈判。花一定的时间，利用各种因素，协调双方的思想和态度还是很有必要的。

2. 和蔼可亲的面部表情

人的表情能够直接反映谈判人员的心情，是信心十足还是满腹疑问，是轻松愉快还是剑拔弩张，是精力充沛还是疲惫不堪。和蔼可亲的面部表情能给人一种信任感，能间接地告诉对方，己方是一个宽厚、仁慈的可信赖的贸易伙伴。

3. 良好的气质

气质是指人们相对稳定的个性特征。良好的气质，是以人的文化素养、文明程度、思想品质和生活态度为基础的。良好的气质首先体现出一个人丰富的内心世界和良好的品德修养，其次还体现出为人真诚，心地善良的良好作风。作为一个谈判者具备良好的气质，可以增强对对方的吸引力和信任感，有利于良好谈判气氛的建立。

4. 翩翩的风度

风度是气质、知识及素质的外在表现。饱满的精神状态，诚恳的待人态度，受欢迎的性格，幽默文雅的谈吐，洒脱的仪表，恰当的举止，能够充分吸引人的注意力，给人以好感。

5. 恰当的服饰

谈判人员的服饰是决定其形象的重要因素之一。服装的款式、色调，整洁、得体与否，饰物的选择与佩戴，从一个侧面反映着谈判人员的心理特征，影响着对方对己方的判断。要塑造良好的第一印象，整洁、得体的着装，恰当的饰物自然是不可缺少的。

通过自我形象的塑造，使对方对己方产生好感和信任感，促成良好的谈判开局气氛的建立。

二、坦诚相待

一般而言，谈判者之间不可能做到完全的相互信任，总会存在着某些猜忌。谈判大家的高明之处，不在于企图消除这种猜忌，而是巧妙地利用这种人所共有的心理，使对方情愿从好的方面进行猜测，创造感情上的相互接近，从而达到使对方支持自己的观点，赞同自己的主张的目的。坦诚相待正是获得对方理解、尊重的好方法。如能运用好这一方法可以把低调的谈判气氛转化为高调气氛，把关系一般的贸易对象转化为利益共享、彼此照应的战略性贸易伙伴。

运用这一方法营造良好的谈判开局气氛时，应注意以下问题：

1. 要敢于流露己方的真实情感

真实的情感流露往往能满足听者的自我意识，并得到尊重感。为此，要肯于表露自己真实的希望和担心，公开自己的立场和目标，用行动使对方认为己方是值得信赖的。

2. 坦诚要适度

坦诚相待并不是要把自己的一切和盘托出，一般情况下，把自己情况的百分之八十告诉对方就称得上很坦诚了。若谈判对方为长期合作的老客户，坦诚的程度可大一些，以增强协作意识。特别指出的是，己方的谈判底线是无论如何不能坦诚相告的。

3. 坦诚也要看对象

坦诚的成功取决于对方的合作，如果你向那些一味地谋求自己单方面利益的人和盘托出，会有致命危险，在这个意义上，坦诚相待也具有一定的冒险性。一般来讲，坦诚相待比较适合于有长期的业务合作关系的双方，以往的合作双方都比较满意，双方彼此又比较了解，不用太多的客套，减少了过多外交辞令，节省了时间，直接坦率地提出己方的观点、要求，反而更能使对方对己方产生信任感。坦诚相待也比较适合于对待心胸豁达的谈判者，如果对方谨小慎微，这种方法的效果不会太理想。坦诚相待还可用于谈判实力较弱的一方，当己方的谈判实力明显不如谈判对方，并为双方所共知时，坦率地表明己方的弱点，让对方加以考虑，更表明己方对谈判的真诚，同时也表明对谈判的信心和能力。

4. 谈判人员必须具备坦诚守信的素质

朝令夕改、出尔反尔不可能在谈判对象之间建立起信任感。谈判者的谈判态度、风格也应与坦诚的语言表达相呼应，虚情假意会加强对方的不信任感。

总之，在采用这种方法时，要综合考虑多种因素，例如，自己的身份，与对方的关系，当时的谈判形势等，切忌自作多情。坦诚对于谈判者的作风而言是极其重要的。言而有信，令对手放心。以心换心，以诚相待，就能促成谈判的顺利进行和达成良好的结果。

相反，如果双方顾虑重重，谈判气氛高度紧张，那么就不可能取得良好的谈判结局。谈判要求谈判者精明，甚至精明得令人很难对付，但同时他也必须是个说话算数的人，是个可以信赖的人，这样双方才能真诚合作。不仅谈判桌上需要真诚，合同签订后双方也必须严格执行。

三、幽他一默

恩格斯说过："幽默是具有智慧、教养和道德上具有优越感的表现。"幽默的谈吐，可以使谈判气氛轻松活泼，提高谈判人员对谈判的兴趣。

同步案例 3 - 1

如何打开谈判的僵局

在某次贸易洽谈中，双方都很激动、紧张、争执弥漫了整个谈判室，谈判终于陷入僵局。这时一个上了年纪的老先生慢慢说了一个故事：

有一个在某国战场上服役的军人，历经四年艰难的战争生活后退役回家，他拍了一份电报给家中的妻子：将在星期六下午两点到家，迫不及待，我爱你。

当他星期六下午一点钟到家时，一切都静悄悄的。他发现后门没关，就从那儿进去了。接着他听见卧室有动静，他心里想，她一定在准备中，于是他冲到房门口，想给她一个惊喜，却见她正在床上假装睡觉，其实妻子早已为他准备好了一个盛大的家庭晚宴。这个退役军人不由得勃然大怒，他跑出了屋子，直接到他双亲的家里告诉他的父亲，有关他常年在外所受的苦楚，那封电报以及对妻子的不满。

他的父亲是一个很有哲学味的人。他相信任何事情都是可以解释的，所以他就来到了媳妇家，看看到底是什么缘故。一小时后，他父亲满面笑容地回来了。"发生了什么事？"满怀怒气的儿子问他："到底是怎么了？"他的父亲说道："我告诉你，任何事情都是可以解释的，她是假装没有接到你的电报，想给你一个意外的惊喜。"

老先生的话引起了哄堂大笑，而且奇怪的是，谈判的气氛也随之缓和起来。你很难想象居然彼此也都开始认真倾听对方的"充分解释"了。

幽默包含多种类型，谑称的幽默、逗趣的幽默、灰色的幽默、低级黄色的幽默等。

运用这一方法营造良好的谈判气氛时，应注意下列问题：

1. 幽默是一门高超的语言艺术

要驾驭这种方法，对谈判人员的素质要求比较高，谈判人员除了必须具备良好的文化素养以外，还应具有良好的气质和风度。在谈判桌上应避免幽而不默。

2. 千万不要在幽默中加进嘲笑对方的成分

幽默应该是善意的、友好的，要做到调皮而不风凉，委婉而不悲观，尖锐而不刻薄。只有这样才能增进双方之间的感情，强化信任感，消除对方的戒备心理，建立起良好的谈判气氛。

3. 幽默要合时宜

即要符合谈判对象、环境和事项。幽默应因人、因事、因地、因时而发。

4. 尽量避免使用低级黄色的幽默

尤其是有异性在场时应绝对避免使用，与新客户之间的谈判也应尽量避免使用，过多使用低级黄色幽默会使谈判对手怀疑你的人品。

四、协商一致

所谓协商一致，是指在谈判开始时，为使谈判对象之间产生好感，以协商、友好、婉转的交谈方式，创造或建立起对谈判的一致感觉，从而使谈判双方在愉快友好的气氛中不断将谈判引向深入的一种营造开局气氛的方法。

现代心理学研究表明，人们通常会对那些与其想法一致的人产生好感，并愿意将自己的想法按照那些人的观点进行调整。这一研究结论是协商一致方法的理论基础。

从交际心理学的角度看，谈判人员虽然有着不同的身份、地位、社会经历、性格特征，但在谈判过程中都有一种获得尊重，取得合作与友谊的需要。因此，己方在谈判开始时的寒暄和开局陈述时，应注意从当时的客观背景、谈判态势以及谈判对手的年龄、地位、性格等情况出发，力求使己方的表达从方式到内容都符合对方的主观心理要求，从而达到建立起良好谈判开局气氛的目的。

运用协商一致方法营造谈判开局气氛时，要求谈判者以一种相互协商、友好、婉转的口吻来征求谈判对手的意见，而不是以陈述甚至命令的口吻与对方交谈。这一方法容易为对方所接受，促使对方点头称是，忽略彼此间的不同，并使双方在友好、愉快、轻松的气氛中将商务谈判引向深入。

运用协商一致方法的主要条件是商务谈判的双方都有良好的谈判意愿，都希望能促成当前交易的达成；谈判的一方明显居于劣势，试图以协商一致方式联络双方的感情，争取大致平等的谈判地位；谈判双方均为老客户，相互之间非常熟悉，彼此都相互尊重。

运用这一方法营造良好的谈判开局气氛时，应注意下列问题：

（1）努力培养双方的一致感，要以协商、婉转的口气表述，比如，"我们先确定会议议程，您看是否合适？"等。要淡化语言的主观色彩，切忌"我提出……"，"我方认为……"等谈话方式。

（2）表达用语多为礼貌用语、寒暄用语、假设用语，语气要柔和，音量适中，发音清晰。

（3）拿来征求对方意见的问题应是相对次要的问题，即对方对该问题的意见不会影响到本方的具体利益。

（4）在赞成对方意见时，态度不要过于献媚，要让对方感觉到自己是出于尊重，而不是奉承。

此外，协商一致方法还可作为谈判控制策略使用，在谈判开始时以协商方式诱使谈判对手接受你的既定安排，从而谋取谈判的主动权。例如，"您看我们先讨论××条款，然后再讨论××条款怎么样？"。

五、真诚赞美

从心理学的角度看，任何人都希望得到别人的称赞和表扬，被称赞者往往会表现出心情的愉悦、认同感的加强、心理防线的减弱。

同步案例 3 - 2

柯达公司创始人的传奇

动画视频：柯达公司
创始人的传奇

柯达公司创始人乔治·伊斯曼打算捐巨款建造一座音乐厅、一座纪念馆和一座戏院。为承揽这批建筑物内的座椅，许多制造商展开了激烈的竞争。

但是，找伊斯曼谈生意的商人无不乘兴而来，败兴而归。正是在这样的情况下，优美座位公司的经理亚当森前来会见伊斯曼，希望拿到这笔生意。

秘书简单地介绍了亚当森后，便退了出去。这时，亚当森没有谈生意，而是说："伊斯曼先生，我仔细观察了您的这间办公室，我本人长期从事室内装修，但从来没见过装修得如此精致的办公室。"

伊斯曼回答说："哎呀！您提醒了我，我都忘记这件事了，这间办公室是我亲自设计的，当初刚建好的时候，我喜欢极了，但后来一忙，一连几个星期都没有机会仔细欣赏一下这个房间。"

亚当森看到伊斯曼谈兴正浓，便好奇地询问起他的经历。伊斯曼便向他讲述了自己青少年时代的苦难生活；母子俩如何在贫困中挣扎的情景；自己发明柯达照相机的经过，以及自己打算为社会所捐的巨额的捐赠等。

亚当森由衷地赞扬了他的功德心。

最后，亚当森不但得到了大批订单，而且和伊斯曼结下了终生的友谊。

适当的赞词是商务谈判双方交往的理想媒介，也是融洽谈判双方关系的润滑剂。每一个人都有一些自以为是的方面，人们为此而感到自豪，并希望为他人所知，被他人承认和赞扬，谈判人员也是如此。在谈判过程中，适当地赞美对方可培养良好的人际关系和融洽的谈判气氛，对谈判起到良好的促进作用。

赞美对方的话题通常有：

1. 适宜赞美的对方个人因素

如个人的仪容仪表、举止谈吐、风度气质、专业才能、特长、服饰、家庭成员等。

2. 适宜赞美的对方企业因素

如企业规模、品牌知名度、经营业绩、管理水平、服务水平等。

3. 赞美对方所在国家和城市

如名胜古迹、人文环境、社会风貌、历史名人、自然环境等。

采用赞美法时应该注意以下四点：

1. 选择恰当的赞美目标

选择赞美目标的基本原则是投其所好，即选择那些对方最引以为自豪的，并希望他人注意的方面进行赞美。切不可选错赞美目标，乱加赞美，甚至触及个人隐私。

2. 对异性谈判者的赞美

要多加小心，一般应运用笼统的、抽象的赞词，以避免招致不必要的误会，起到相反的作用。

3. 真诚赞美对方，切忌虚情假意

对对方的赞美一定要自然，恰如其分。不要言过其实，过分吹捧，让对方感到你是在

刻意奉承他。

4. 要重视被赞美者的情绪及心理反应

如果对方对己方的赞美有初步的良好反应，可继续实施适度的赞美。如果对方对己方的赞美反应冷淡，应停止赞美。在商务谈判中，并不是所有的谈判者都乐于接近赞美者。就是同一个谈判者，在不同的谈判环境中，对赞美也会产生不同的心理效应，赞美者应尊重被赞美者的个性，照顾到对方的自我意识。

六、投其所好

几乎每一个人都有其特定的爱好，比如：古玩、字画、音乐、美食、体育运动等。只要你抓住了对方的爱好，并巧妙地予以实施，就能打动对方，营造出良好的谈判气氛。

同步案例 3 - 3

中国外交界的佳话

1972 年 2 月，美国总统尼克松应邀访问中国。中美两国紧闭了二十多年的大门终于打开了，但由于历史的原因和意识形态的对立，双方还存在很强的戒备心理和彼此的不信任。为了创造一种融洽和谐的会谈气氛，中国方面在周恩来总理的亲自领导下，对接待的全过程做了精心而又周密的准备和安排，其中的一件轶事曾在外交界传为佳话：在欢迎尼克松一行的国宴上，尼克松竟听到了中国军乐队演奏的，他平生最喜爱的一支曲子《美丽的亚美利加》，这是一只赞美他的家乡的非常抒情的曲子，尼克松总统绝没有想到能在中国的北京听到他最喜欢的乐曲。敬酒时，他特地到乐队前表示感谢。而这种融洽、热烈的气氛也感染了在场的每一位美国客人。周总理的一个小小的精心安排，赢得了和谐、融洽的谈判气氛，这不能不说是一种高超的谈判艺术，这也是周总理的过人之处。

七、先谈点别的

对于初次会面的谈判者，双方都有非常强的戒备心理，见面后直接进入正题，会强化这种戒备心，这对于谈判的发展是不利的。谈判双方见面后，最好花点时间酝酿一下感情，还是很有必要的。也就是说，见面后最好先谈点与本次谈判无关的中性话题，以避免见面后的直接交锋，破坏谈判的气氛。

同步案例 3 - 4

中英外交轶事

在前英国外交大臣艾登的《回忆录》中，谈到 1954 年日内瓦会议期间，他邀请周恩来共进晚餐一事。

"我邀请周恩来和他的同事一起共进晚餐。我不打算在席间谈论会议当前的事态。只想随便谈一些往事，因为这样做往往可以找到一些事情或机会，促成双方之间相互了解。

我们的宴会进行得很融洽，我尽量避免讨论会议的工作，周恩来也这样。当我们谈到英国的经验以及导致第二次世界大战和欧洲的事态发展问题时，他告诉我中国人民曾经忍受的苦难，他回忆起 1934 年的长征历程，当时中国红军在亚洲最险阻的土地上迈开双腿，步行 12 500 公里。他的同事也都参加了这次谈话，大家谈得很愉快，也确实是令人感到轻松和必要的一次聚会。"

后来证明，周恩来与艾登的这次聚会，对促进两国的正常交往确实起到了积极的作用。

谈判人员可使用的中性话题很多，如当前社会人们普遍关心的热点新闻、热门话题；名人轶事；体育新闻、文娱消息；个人的爱好和兴趣；气候、季节；当地的风俗、风景名胜；女性谈判者之间还可以谈谈自己的孩子、着装等。

运用这一方法营造良好的谈判气氛时，应注意下列问题：

（一）选择积极的中性话题

积极的中性话题容易使对方向己方靠拢，并表现出趋附、接受的态度。消极的中性话题则容易使对方背离己方，使对方怀疑己方的谈判诚意。

（二）应选择双方都知晓且感兴趣的中性话题

对方不清楚或不感兴趣的话题会使对方无法入题，形成不了话题的互动，会造成开局的冷场。

（三）注意时间把握

互述中性话题的时间不可太长，应适可而止，避免过分的闲聊，浪费谈判时间。

八、让环境说话

用环境来塑造一种良好的谈判气氛，在商务谈判中是行之有效的，且比较容易实施。

同步案例 3 - 5

英苏外交轶事

1935 年 3 月底，英国外交大臣艾登访问苏联，苏联外长李维诺夫邀请艾登共进午餐。艾登在其《回忆录》中对这次午餐做了这样的记述：

我们在令人心旷神怡的原野之中的平坦道路上行驶了约 20 英里[1]，到了林中别墅，内有一座花园，里面还有几只鸭子。这座乡间别墅设备简单，但很风雅，而且这次午餐，即使按照我们好客的主人们的标准几乎也是一次宴会。在正餐前先上的菜照例是鱼子酱和烤小猪，正餐后还有干果布丁。但是，餐桌的中心（从实际位置和政治意义来说都是中心）是装饰着玫瑰花的奶油，上面还有"和平是不可分割"的字样。我对这种情感是赞成的，但即使我不赞成，在受到那样的欢迎之后，我也难以提出反对意见。谈话的题目仍然同正式会谈时一样，但是气氛更加的轻松了。

优秀的谈判者，都深知环境对谈判的影响。美国前总统杰弗逊曾经针对谈判环境说过这样一句话："在不舒适的环境下，人们可能会违背本意，言不由衷。"英国政界领袖欧内斯特·贝文也曾说过，根据他平生参加谈判的各种经验，他发现，在舒适明朗、色彩悦目的房间内举行的会谈，大多比较成功。

古往今来，用环境来塑造谈判气氛的例子比比皆是，森林小屋、乡间别墅、皇宫大院、豪华酒店，甚至是军舰、游艇、古代牢房也曾留下谈判者的足迹。在商务谈判中，只

---

① 1 英里 = 1.609 344 千米。

要能让对方感到新奇，能产生一种异样的滋味，能够激发起对方的兴趣，无论何地都可作为谈判的场所。当然，在选择谈判场所时还应考虑谈判的成本。

九、运用情感的力量

通过某一特殊事件、事物和方法来引发普遍存在于人们心中的情感因素，并使这种情感迸发出来，从而达到营造谈判气氛的目的。

同步案例 3 – 6

伟大领袖毛泽东的会谈技巧

1945 年 7 月 1 日，黄炎培等 7 位国民参政要员应邀访问延安，"我们 20 多年不见了"这是毛泽东和黄炎培握手时说的第一句话。黄愕然，毕竟是第一次见面呀！毛泽东笑着说："1920 年 5 月某日在上海，先生主持会议欢迎杜威博士，演讲内容……那一大群听众之中就有一个毛泽东。"黄炎培深感意外，想不到当年在一群听众之中，竟有这样一位盖世英豪。他盛赞毛泽东的好记性，原先的陌生感一扫而空。

次日，黄炎培等 6 人又应邀到杨家岭，他走进毛泽东的会客室，蓦然发现当中一幅画极为熟悉，画面是一把酒壶，上书"茅台"二字，壶边几只杯子，画上还有一首诗：寒传有客过茅台，酿酒池中洗脚来，是假是真我不管，天寒且饮两三杯。

一种怀旧之感不禁油然而生，这不正是自己的题诗？不错，这幅画原是叔羊（沈钧儒次子）为沈钧儒画的，作于 1943 年国民党掀起第三次反共高潮时。在请自己题词时，因忽然想起了长征中共产党人在茅台酒池里洗脚的谣传，针对这个谣传，题写了这首七绝诗以讽喻之。万没想到，这一幅画竟挂在中共领袖的客厅里！

顿时，一股知遇之情似暖流流通了黄炎培的周身，深感与毛泽东等共产党人一见如故，可以推心置腹。事实证明，延安会谈坚定了黄炎培先生今后方向，而毛泽东精心创设的会谈气氛与环境，又为会谈的成功奠定了基础。

情感是多种多样的，有同学之情、朋友之情、师生之情、亲情，还有崇敬之情、怜悯之情、爱慕之情等。这些形形色色的情感是维持人与人之间关系的基本纽带。

感情的力量是巨大的，为朋友可两肋插刀、赴汤蹈火就是典型的写照。在商务谈判中，巧妙地利用这一力量，能为谈判开拓出一条柳暗花明的通道。

这一方法运用的关键是要敢于流露自己真实的情感，用真情去打动对方。《三国演义》中的刘备就把这一策略运用到了极致，其中的"三顾茅庐"和"长坂坡摔子"就是这一策略成功运用的典范。

十、低调谈判气氛的营造

低调谈判气氛是指紧张、强硬、对立，或者是消极、冷淡、沉闷的谈判气氛。在商务谈判中，占明显优势的一方，为了实现本次谈判利益的最大化，或者是谈判条件已逼近己方最低目标的一方，为确保不亏损，常常主动营造这种不正常的谈判气氛，以此给对方施加心理压力，迫使对方做出最大限度的让步。

视频：低调谈判
气氛的营造

低调谈判气氛会给谈判双方造成较大的心理压力，在这种情况下，哪一方心理承受力弱，哪一方往往会首先妥协让步。因此，在营造低调气氛时，己方一定要做好充分的心理准备并要有较强的心理承受力。

同步案例 3 - 7

采购经理的谈判心理

陈经理是浦东盛大通信企业的采购经理。企业急需一批高质量的托架，公司业务张经理选定了一家外资企业的产品，当陈经理与这家企业商谈采购细节时，该企业认为陈经理非买它的产品不可，态度十分傲慢，价格一分都不肯降。陈经理问："你非但不减价还那么神气，能赶上我需要交货的期限吗？"对方谈判人员自信地说："一定能按期交货，从张经理选定我们产品后我们已投入20万元，做好了一切供货准备工作，订单一到马上就可以生产。"了解到这一情况后，陈经理说："对不起我不要了。张经理定的是规格，我负责的是价格，如果你们产品价格在我们接受范围内，我当然会买你们的产品，但如果超出了我们的预算，虽然我不能随便买别家产品，但我也可以不买。"在此情况下，对方考虑到已投入了20万元，只好按照陈经理的报价成交。

（资料来源：林力，解永秋. 模拟商务谈判案例教程［M］. 北京：中国轻工业出版社，2015.）

通常在下列情况下，谈判者会主动营造低调的开局气氛。

（1）一方居于绝对优势地位，另一方有求于该方；

（2）一方还有足够的讨价还价筹码，并且某些条款并未达到本方的要求，如果本方施加压力，对方还会做出让步；

（3）一方有很大的选择余地，不惧怕谈判失败；

（4）谈判条件已逼近己方的最低目标，已无让步的余地，但对方仍紧追不放。

营造低调气氛的方法有多种：

（一）降低谈判的规格

主谈人退场或不出场，由谈判辅助人员和对方保持接触，且不触及谈判的实质内容，谈判态度既不积极，也不主动，顺其自然发展。

（二）沉默法

以沉默的方式来使谈判气氛降温，从而达到向对方施加心理压力的目的。这里所讲的沉默并非是一言不发，而是指本方尽量避免对谈判的实质问题发表议论。

（三）疲劳战术

是指围绕某一个问题与对方软磨硬泡，从生理和心理上使对手疲惫，降低对手的谈判热情。

（四）指责法

是指抓住对手的某些错误横加指责，使对方感到对手蛮横无理，不通人情。

（五）求疵法

类似于指责法，但多用于买方，买方对卖方提供的产品品质、服务质量等横加指责，有意夸大产品疵点，使对方感到不快，甚至使对方也怀疑自己提供的产品或服务的质量水平，从而促成对方的让步。

（六）攻击法

是指通过语言或行为来表达己方强硬的态度和坚强的意志力，从而获得谈判对手必要的尊重，并借以制造心理优势，使对手不敢轻视己方。这一方法通常在下列情况下使用：发现谈判对手在刻意制造低调气氛，这种气氛对己方的讨价还价十分不利，如果不把这种气氛扭转过来，将损害己方的切实利益。

在商务谈判中，谈判气氛并非是一成不变的。谈判人员可以根据需要来营造适合于己方的谈判气氛。但是，谈判气氛的形成并非完全是人为因素的结果，客观条件也会对谈判气氛有重要的影响，如节假日、天气情况、突发事件等。因此，在营造谈判气氛时，一定要注意外界客观因素的影响。

任务二　商务谈判议程及禁忌

开局阶段的最后一项工作，也是一项非常重要的工作，就是通过双方协商共同确定谈判议程。各方在谈判准备阶段都制订了明确的谈判计划，其中包括谈判的目的、主要议题、议事日程安排、进展速度和谈判人员组成情况等。但双方在谈判计划中拟定的谈判议程和进度并不一定会完全一致，因此，在开始正式谈判之前，双方必须坐下来协商谈判议程。

一、商务谈判议程

（一）谈判议程的内容

谈判主题的确定，谈判各项议题的确定；谈判进度的确定，即先谈什么，后谈什么；谈判时间的安排，如总时间长度，开场和续场的具体时间；谈判具体地点的安排。此外，还有谈判期间各种活动安排等内容。

（二）谈判议程的设计

双方对谈判议程的设计在一定程度上也会透露其关注的利益和重要问题，以及议题重要性顺序。因此，在协商谈判议程时，尽量让对方先发表意见，陈述其对谈判议程的设计，以便了解对方的谈判意图，并根据对方的方案对己方原来的计划进行调整，争取谈判的主动权，使整个谈判议程按有利于双方合作的方向发展。

如果双方都不想先发表看法时，一般可让东道主先发言。但是这并不意味着客方处于被动地位。实际上双方的地位是平等的，享有均等的发言机会，且在商议时双方一定要有合作精神，给对方足够的机会发表不同意见，提出不同设想，这样最终才能使双方达成一致的意见。

二、商务谈判的禁忌

（一）忌欺诈隐骗

有些人把商务谈判视为对立性的你死我活的竞争，在具体洽谈时，不顾客观事实，欺、诈、隐、骗，依靠谎言或"大话"以求得自身的谈判优势。例如，在一次货物买卖谈判中，卖方代表在介绍自己的产品时，说自己的产品获得了国家某某奖项。后来买方在谈判桌外一查实，这个产品根本就没有获得过这种荣誉。通过这点，买方对卖方产生了信任危机，所以虽然这种产品市场竞争激烈，但是买方还是找了一个理由选定了其他卖主。因此，谈判语言可以有艺术，但陈述的内容一定要符合实际，尤其是一些有据可查的事实更不能有虚假，否则就会失去对手的信任。

（二）忌盛气凌人

有的谈判者由于自身的地位和资历高人一等，或者谈判实力较强，所以在谈判中往往态度盛气凌人，居高临下。这种盛气凌人的行为容易伤害对方感情，使对方产生对抗或报复心理。为此，在谈判时应该遵守平等互利原则。谈判桌上只有谈判角色的不同，没有行政职务的高低之分。

（三）忌道听途说

有的谈判者由于与社会的接触面大，外界联系较多，各种信息来源的渠道较广，在谈判时往往利用一些未经证实的信息作为向对方讨价还价的依据。由于这些信息缺乏确凿的证据材料，其结果不但很容易让对方抓住把柄向你进攻，而且给对方以不认真、不严谨、准备不充分的感觉。其结果，可能导致对方对己方所有的谈判内容产生不信任。因此，在商务谈判中，应避免使用"据说""可能""大概"之类的字眼。谈判之前，可将证据资料打印出来，查实其真实性，并标明出处。

（四）忌攻势过猛

某些谈判者在谈判桌上争强好胜，一切从"能压住对方"出发，说话尖酸刻薄，不留余地，在一些细枝末节上也不示弱；还有的人以揭人隐私为快事。在谈判中攻势过猛的做法是不可取的，极易伤害对方自尊心，使整个谈判出现不必要的僵局，破坏了整个谈判气氛；甚至可能遭到对手的强力反抗，反而使自己处于不利的尴尬境地。因此，在谈判中应该注意语言使用的艺术和技巧，尽量以比较委婉的语言进行陈述和说服，并且一定要做到尊重对方的意见和隐私。

（五）忌含混不清

有的谈判者由于事前缺乏对双方条件的具体分析，加之自身不善于表达，当阐述立场、观点或回答对方提问时，就有可能出现含混不清，模棱两可，或自相矛盾的现象。这样就给对方留下了素质不高、准备不充分或对谈判不重视等不良印象。因此，企业对于谈判代表要进行认真选拔，并有针对性地进行培养。谈判前，谈判代表要根据谈判计划要求，做好充分的准备，对于对方可能的提问要进行模拟应答。总之，商场就像战场，商务谈判也不例外，绝不能打无准备之仗。

（六）忌以我为主

在商务谈判中，有些人随意打断别人的讲话；有些人在别人说话时不够专注；有些人只顾自己，讲话滔滔不绝，根本不注意其他代表的反应和感受；有些人不考虑谈判的基本原则，只顾争取己方利益，而对于对方提出的要求分毫不让，这会使得整个谈判出现非常不和谐的气氛，不仅很容易引起对方的反感，而且也不利于双方平等互惠的合作。

谈判中切记少说多听，在需要表达时应注意分寸；要学会察言观色，看到对方有不耐烦表情时，立即停止或停顿表述；说话要留有余地，留下让人思考的空间。这样才能体现一个谈判者的良好素质，也能够避免言多失误的风险。

（七）忌枯燥呆板

一些谈判者在谈判时经常会出现紧张的心理，表现在说话方面不流畅，思路不清晰，而且表情呆板，过分讲究各种姿势，缺乏灵活性。商务谈判不同于政治、军事类对抗性谈判，而是一种友好、合作性谈判，因此在谈判桌上可以适当放松，语言可以诙谐幽默，姿态也可调整变换，不要表现得过分严肃。否则，整个谈判气氛死气沉沉，不利于谈判双方建立良好的合作关系。

 **素养园地**

"知己知彼、百战不殆"的谈判技巧

A公司要购买B公司的机器设备，他们先派了一个谈判小组到B公司去谈判。小组只是提问题，边听B公司方代表解释边做记录。在谈判期间，B公司代表滔滔不绝地讲，而A公司代表则认真倾听和记录。当B公司代表讲完后，征求A公司代表的意见时，A公司代表却迷惘地表示"听不明白"，要求"回去研究一下"。数星期后，第一个谈判小组回公司后，A公司又派出了第二个谈判小组，又是提问题，做记录，B公司代表照讲不误。然后又派了第三个谈判小组，还是故技重演，B公司代表已讲得不厌其烦了，但也搞不清A公司要什么花招。等到B公司几乎对达成协议不抱什么希望时，A公司又派出了前几个小组联合组成的谈判代表团来同B公司谈判，弄得B公司代表不知所措。因为他们完全不了解A公司的企图、打算，而他们自己的底细则全盘交给了A公司。最后，A公司大获全胜，B公司代表在谈判中的被动地位便可想而知了。

（资料来源：杨群祥. 商务谈判 ［M］. 大连：东北财经大学出版社，2020.）

思考：

（1）你怎么评价这种做法？

（2）你能否设计一个比较好的应对办法？

素养提示：

谈判交易道德底线的判断标准非常复杂，涉及多方面因素。一是一般的做人道德，这要求谈判者最起码不能欺骗对方。二是职业道德修养，就是行业的基本规矩要遵守，不能破坏交易规则。三是在这基础上的更高境界，就是不论对方如何作为，应坚持自己的高尚行为，以诚待人。这个案例中如果A公司代表在做法上没有过度，还是可以容忍的。但是一般不提倡使用。

同步训练

一、单选题

（1）单选题

1. 在谈判中达成一致意见最理想的话题是（　　）。

A. 单刀直入的话题　　　　　　　B. 轻松愉快的话题

C. 抓住谈判问题的中心话题　　　D. 敏感性的话题

（2）协商式开局策略适用于（　　）。

A. 高调气氛或低调气氛　　　　　B. 高调气氛或自然气氛

C. 低调气氛或自然气氛　　　　　D. 高调气氛、低调气氛或自然气氛

（3）双方首次进行谈判时，首要任务是（　　）。

A. 创设热情洋溢的气氛

B. 创造严肃、凝重的气氛

C. 消除和淡化双方的陌生和紧张感

D. 营造团结一致的气氛

（4）双方谈判人员适当互赠礼品的做法是（　　）。

A. 贿赂　　　　B. 求助　　　　C. "润滑策略"　　　D. 为了理解

（5）选择赞美目标的基本原则是（　　）。

A. 热情洋溢　　B. 求同存异　　C. 投其所好　　　　D. 态度真诚

二、多选题

（1）营造低调商务谈判开局气氛的方法有（　　）。

A. 降低谈判的规格　　　　　B. 沉默法　　　　　C. 疲劳战术

D. 指责法　　　　　　　　　E. 求疵法　　　　　F. 攻击法

（2）在通则议程中，通常应明确的内容有（　　）。

A. 谈判所讨论的中心议题

B. 谈判总体时间及各分阶段时间的安排

C. 谈判中双方人员的安排

D. 谈判地点及招待事宜

E. 列入谈判范围的各项议题及议题的讨论顺序

（3）谈判议程按使用对象不同分为（　　）。

A. 一般议程　　B. 特殊议程　　C. 通则议程　　　D. 细则议程

（4）谈判通则议程的确定包括（　　）两个方面。

A. 议程的拟订　　　　　　　B. 议程的磋商

C. 议程的审议　　　　　　　D. 议程协议的签订

（5）谈判事项的顺序编排方式有（　　）。

A. 先易后难　　B. 先难后易　　C. 混合编排　　　D. 齐头并进

三、简答题

（1）怎么营造良好的开局？

（2）商务谈判的议程主要有哪些？

（3）请阐述商务谈判的开局策略是什么？

 课后实训

一、实训概要

本次实训的目的是掌握商务谈判开局计划，学生按照实训步骤，以模拟商务谈判的开局完成实训内容。通过对商务谈判的开局内容进行认知学习，使学生熟练掌握商务谈判的开局计划，能够把握商务谈判的气氛营造。

二、实训素材

计算机、谈判背景资料、PPT 等。

三、实训内容

（一）营造良好的谈判气氛

以小组为单位，分别模拟谈判双方，即一方乐天乳品生产企业，一方沃尔玛超市，确定各自的开局计划；谈判双方模拟此次谈判的开局，重点是营造谈判的气氛。

背景资料：乐天乳品生产企业生产多种乳制品，包括袋装牛奶、盒装牛奶、酸奶等多种类型、多种包装的产品，是地方知名企业。沃尔玛超市是一家全国性连锁超市，分店遍布全国。乐天乳品生产企业与沃尔玛超市是长期合作伙伴，是沃尔玛超市的比较稳定的乳品供应商之一。在新的一年，沃尔玛超市准备与乳品供应商就价格、入场、维护、促销、结款等问题展开新一轮的讨论，重新制定政策。乐天乳品生产企业销售部与沃尔玛超市采购部已预约好商谈时间，届时作为乐天乳品生产企业销售部的经理，你将率领你方的谈判小组如期前往。

实训具体要求：

以小组为单位，选派小组代表各 1 名，采用模拟谈判的形式，对谈判的开局进行模拟。具体内容包括以下两个方面：

（1）阐述双方的开局计划。

（2）重点营造谈判的气氛。

（二）开局策略训练

根据本实训项目的谈判背景，以小组为实训单位，应用所学的知识为谈判制定策略。

背景资料：北方某工业城市曾与某美籍华人洽谈一个合资经营碳化硅的项目。起先，该外商对我方戒心很大，对同我方进行合资经营的兴趣不大，只在国内亲友的一再劝慰下，才同意与我方有关方面进行初次接触。我方由主管工业的副市长亲自主持洽谈。在会谈期间，我方不仅态度十分友好，而且十分坦率，把我们的实际情况，包括搞这个项目的目的、该项目对当地冶金工业的意义、我们独资兴办项目的困难、我们对该外商的期望等和盘托出，没半点隐瞒。该外商见我方市长如此坦诚，十分感动，除全部谈出了他的担心之处外，还为我们怎么搞这个项目提出了许多有价值的建议。最后，经过双方的磋商，很快签订了意向书，会谈取得了较好的成果。

实训具体要求：

以小组为单位，采用 PPT 汇报的形式，结合背景资料，思考本次谈判策略的优势与问题。具体内容包括以下两个方面：

（1）谈判开局策略的优势。

（2）谈判开局策略中存在的问题。

项目四　商务谈判报价

知识目标

（1）了解报价的两种方式及特点。
（2）熟悉报价的基本原则和方法。
（3）掌握报价时运用的策略和技巧。

能力目标

（1）掌握谈判项目制定明确的报价表。
（2）运用恰当的报价策略和技巧进行报价。

素养目标

（1）学会通过报价首先为己方树立信心，争取谈判中的主动权。
（2）在商务谈判报价中，培养读者解决问题的积极态度。

思维导图

任务引入

存货也能卖个好价钱

我国有一家经营床单出口业务的外贸公司，由于金融危机，许多外商都减少了进货量，因此，原来采购的出口商品开始出现积压。为了迅速处理库存，加速资金周转，我方外贸公司积极与外商联系，并改变报价策略。近期与外商洽谈一批床单出口业务时，有意识地采取低报价策略，将市场价格160美元一套的商品报价为150美元一套。这一报价引起了外商的极大兴趣，也击溃了竞争对手。

在谈判中，我方表示如果外商希望扩大零售销路，我方可把原来的简装改为精装，但每套要增加6美元。外商深知该商品精装要比简装畅销许多，便欣然答应。在谈到交货期时，外商要求我方在两个月内完成6万套的交货任务。我方表示，因数量大，工厂来不及生产，可能要考虑分批装运。外商坚持要求两个月全部装运完，并且按时发货。我方表示，如果需要两个月全部装运完，必须与厂方进一步商量。

几天后，我方答复：厂方为了满足外商的要求愿意加班加点完成任务，但考虑到该产品出口利润很低，希望外商能支付一些加班费。外商表示愿意支付每套 4 美元的加班费，而我方经过讨价还价，争取到了每套增加 6 美元的加班费。最后，我方表示这批货物数量较大，厂方需要大量流动资金来采购原材料，而且贷款有困难，希望外商能预付 30% 的货款。最终，外商同意预付 20% 的货款。协议就此达成。

其实，这批货是我方的库存品，为尽快清仓，我方成功地使用低报价策略，使这笔交易超出了预期利润。商品价格主要受到商品成本、供求关系、市场竞争环境和相关服务的影响。

案例思考

（1）请结合案例，谈谈你对商务谈判报价的理解。

（2）请结合案例，思考我方采取的报价策略是否有欺诈行为？请说明理由。

任务一　报价方式

商务谈判中的报价，也称开盘价，它是一个广义的概念，并不单指价格的高低。报价的内容包括价格、交货期、付款方式、数量、质量、保证条件等。报价是开局后的第一个重要环节，开盘价的高低决定成交价及整个谈判价格的走势。价格是商务谈判的焦点之一，因此双方在报价上都应该特别慎重，必须认真选择报价方式，遵循报价原则，巧妙地运用各种报价策略和技巧。同时，希望通过报价首先为己方树立信心，争取谈判中的主动权。

一、报价方式的选择

目前，在商务谈判中，有两种比较典型的报价方式，即欧式报价方式和日式报价方式。欧式报价和日式报价分别属于不同区域和国家选择的报价方式，其报价的作用和特点不同。在实际商务谈判中可根据对手的报价风格进行选择。

（一）欧式报价

欧式报价主要是指西方一些国家习惯采取的报价方式，其一般模式是，首先报出具有较大余地和谈判空间的价格，然后根据买卖双方的实力对比和该笔交易的外部竞争状况，通过给予各种优惠，如数量折扣、价格折扣、佣金和支付条件上的优惠，逐步达到成交目的。

欧式报价的开盘价通常比较高，但留下讨价还价的空间也较大，只要能够在报价后稳住买方，往往由于让步较大，条件优惠，会有一个不错的结果。欧式报价采取高报价往低走，符合一般人的心理。

（二）日式报价

日式报价是指以日本为代表的亚洲人喜欢采取的一种报价方式。例如，作为卖方其通常的做法是将最低价格列于价格表中，以低价吸引买方，让其产生兴趣。但是，实质上报出的这种低价是以对卖方提供最有利的结算条件为前提的，而与此低价相对应的各项条件买方实际上是很难满足其要求的。只要买方提出改变交易条件，卖方就可以随之提出更高价格，因此，买卖双方的成交价格，往往高于卖方最初的报价。

低报价的目的是吸引那些价格敏感型的买方，挤走竞争对手。当买方选择了与低报价一方作为合作伙伴，放弃了与其他竞争对手的合作之后，低报价者可能提出许多外加条件，使得买方不得不提高价格。这时买方才发现自己落入了一个低价陷阱。因此，对于那些没有经验的谈判者来说，要特别弄清楚低报价所包含的交易及价格内容，千万不要被低报价所迷惑。

日式报价虽然最初提出的价格较低，但它却在价格以外的其他方面提出了最利于己方的条件。对于买方来说，要想取得更好的条件，他就不得不考虑接受更高的价格。因此，低价格并不意味着卖方放弃对高利益的追求。实质上，欧式报价与日式报价是殊途同归的。两种报价只是形式上的不同，没有本质上的区别。日式报价更有利于竞争，欧式报价则更符合人们的价格心理。

二、商务谈判报价的影响因素

视频：商务谈判
报价的影响因素

（一）商品成本是成交价格的最低界限

成交价低于商品成本，供应商不仅无利可图，而且还会亏损。因此，报价前必须进行成本核算，由财务部门提供准确的成本资料和可靠的数据作为报价的重要参考依据，即商品成本是价格的最低底限。

（二）供求关系

在市场经济条件下，价格是由供求关系决定的。某种商品如果市场上供求平衡，则商品的价格趋于稳定；如果市场上供大于求，则商品价格会下降；如果市场上商品供不应求，则商品价格会上升。因此，谈判前谈判代表应该对市场进行深入调查，了解商品供求关系，掌握市场供求的发展趋势。

（三）市场竞争环境

市场竞争环境可分为完全竞争、完全垄断、垄断竞争和寡头垄断 4 种形式。不同的市场竞争环境对价格的形成会产生不同的影响。在完全竞争市场环境下，价格是不断变化的，成交价格是谈判双方在多次交易中形成的。而在完全垄断市场环境下，交易的价格和数量完全由垄断者决定，基本上无须谈判。垄断竞争是介于完全竞争与完全垄断之间的一种市场环境，其市场特点是：有许多买主和卖主，不同卖主所提供的商品存在差别，少数卖主在一定时期内处于优势地位，买卖各方在市场中都受到一定限制，因此，双方需要进行谈判，在价格上讨价还价。寡头垄断是指少数几家大企业控制并操纵某种商品生产和销售的一种市场环境，商品价格不是由市场供求状况决定的，而是由大企业以其共同利益为基础通过协议和契约来决定的。

（四）相关服务

商品的销售一般都伴有相关的服务，如设备安装调试、人员培训、产品维修、零部件供应和技术咨询等。另外，影响价格的因素还包括消费者的心理，如有的消费者很看重的品牌价值，因此，品牌效应好的商品价格就高。

总之，价格是一个很复杂的问题，关系交易双方的利益，是双方谈判的核心和焦点，双方都将考虑各种影响因素，然后进行综合平衡。

任务二　报价的基本原则与方法

报价是一个非常复杂的环节，价格表面上是一串简单的数字，实质包含了品质、规格、交货期、付款方式及交易量和交易关系等许多丰富的内容，如果考虑不周，稍有不慎就有可能陷自己于不利的境地。大量的谈判实践告诉我们，报价必须遵守以下几项基本原则。

一、报价的首要原则

报价的首要原则是指卖方报出的第一口价一定是最高价，而买方报出的第一口价一定是最低价。第一口价又习惯地被称为开盘价。

（1）作为卖方，最初的报价即开盘价，实际上是为谈判的最终结果确定了一个最高限度。一般买方不会接受第一次报价，只是将此价格作为还价的一个起点，要求对方做出让步。一般情况下，买方最终成交价一定在开盘价以下。从这一点来说，卖方的首次报价应尽量往高走。

（2）作为买方，最初的报价即底盘价，实际上是为谈判的最终结果确定了一个最低限度。一般卖方也不会接受买方的第一次报价，最终卖方的成交价通常在这个价格之上。从这一点上来说，买方的首次报价应尽量往低走。

（3）开盘价的高低会影响对方对己方的评价，从而影响对方的期望水平。例如，卖方报价的高低，不仅反映其产品的质量，还反映其产品的市场竞争情况。买方由此可对卖方形成一个整体印象，并据此来调整或确定己方的期望值。开盘价越高，成交价越高；相反，开盘价越低，成交价也会越低。这其实就是买卖双方的一种博弈，看谁的胆识更大。

（4）开盘价越高，通常在磋商过程中的回旋余地也越大。报价过后，紧接着就是一个讨价还价的磋商过程。如果开盘价报得较高，为接下来的让步留下了一个较大空间，可以面对对方的各种要求，做出积极的回应。开盘时报出的最高期望价，实质上为整个后续的交易磋商留出了充分的余地。

二、报价的合理原则

报价的首要原则是开盘价卖方要尽量往高报，而买方则要尽量往低报。但无论是报高还是报低，都要有度，这个度就是要以合理为原则，即报出的价格既能使己方获得最大利益，同时又要兼顾对方的利益。

如果违反市场价格的普遍规律和行情，漫天要价，被对方认为价格高到难以接受的程度，就可能直接否定其合作的诚意，接下来的磋商也就无法进行下去，甚至会让对手知难而退。在确定报价水平时，只要能够找到足够的理由证明己方报价是合理的，报价就应尽量往高走。例如，一些奢侈品的目标人群，由于收入高，消费水平高，他们重视品牌和质量，对价格并不敏感，对于产品质量的认识也往往依据价格高低来定位。因此，对于奢侈品的价格就可以报高一些，甚至可以大大超出其商品本身的价值，以优质优价的认识来满足高消费人群的心理需求和精神需求。

三、报价的明确原则

谈判者报价时，首先必须对己方报出的价格充满自信，这样才有可能得到对方的认可。因此，报出己方的价格时要坚决果断，表达要清晰、明确，不能含糊，否则就会引起对方的怀疑。为了保证报价明确、清楚，应该事先制定报价单，将报价的主要内容明确列示出来，以辅助口头报价。

四、报价的解释原则

谈判人员对己方的报价一般不应附带任何解释说明。如果对方提问，也只宜进行简单的答复。如果在对方提问之前，己方对报价做出主动解释，不仅不能增加对方对己方报价的可信度，反而泄露了己方最关注的问题。而且，过多的解释还有可能被对方找出漏洞和破绽，找到进攻的突破口，即应遵循"不问不答，有问必答，能问不答，避虚就实"的原则。

（一）不问不答

不问不答，是指报价后不进行主动解释。在实际谈判中，一些谈判人员由于对于己方的报价没有信心，或者担心对方对己方的价格提出疑问，往往伴随报价的同时做出过多的说明和解释。例如，有的报价者会这样解释，"我们这个价格是很合理的，包含了税费、运输费等"。而对方本来以为这个价格只是商品单价，没想到还包含了其他费用。这样一来，由于己方的主动解释，反而让对手得到了意外收获。

（二）有问必答

有问必答，是指如果一方对对方的报价提问时，要具体明确，以便让对方必须回答。例如，如果你想了解对方的价格是如何构成的，那么就可以这样提问："请问，贵方报价包含了商品的税费、包装费及运输费吗？"这样具体的问题，对方无法回避，必须回答。而不要提出类似"你们的商品价格为什么这么贵？"的问题。

（三）能问不答

能问不答，是指当对方提出一些敏感问题时，如果一时无法回答时，可采取反问的方式，尽量把问题抛向对方，这样既可以为己方争取思考的时间，也能够探测对方的虚实。例如，对方问："贵方的报价太高了？"你不用解释为什么高，而是可以这样反问："那你认为高在哪里"？或者"你认为多少才不算高呢？"

（四）避虚就实

避虚就实，是指在对方提出价格方面的疑问时，重点解释实在的、无争议的部分，而对于虚的部分则一带而过。例如，这种商品的原材料涨价了，人工工资也在不断提高，这些都是实实在在看得见的事实，可以重点解释，而那些品牌知名度、广告费用等虚的部分就不要过多地进行解释。

任务三　报价的起点、顺序及应对

在基本掌握了所交易对象的市场行情并对此进行了分析预测之后，谈判人员即可参照近期的市场成交价格，结合己方的经营意图及市场价格的变动情况，拟定出价格的谈判幅度，确定一个大致的报价范围。

一、报价的起点

谈判者在报价之前，应先为自己设定一个最低可接纳水平。所谓最低可接纳水平，又可称为保留价格，即为最差的但却可以勉强接受的谈判终极结果。例如，作为买方，可以将他购买某种商品的最低可接纳水平定为 300 元，即如果售价不高于 300 元，则他愿意成交；如果售价高于 300 元，则他宁愿不买。相反，作为卖方，把他要出售商品的最低可接纳水平定为 200 元，即如果售价不低于 200 元，则他愿意成交；如果售价低于 200 元，则他宁愿不卖。

谈判双方在谈判前设立一个最低可接纳水平，有以下三点好处：

（1）可以避免接受不利条件；

（2）可以避免拒绝有利条件；

（3）可以避免在有多个谈判人员参加谈判的场合，谈判者各行其是的行为。

一般地说，对卖方而言，就应在所确定的报价范围内，报最高的价格；对买方而言，要按最低的价格递价。我们可以从卖方角度来分析一下：

（一）卖方的报价要高，那么要高到什么程度才算明智

显而易见，若报价高到被对方称为荒谬绝伦的地步，则不但达不成交易，而且己方的可信性也会随之受损。所以，卖方初始报价的原则是：只要能找到理由加以辩护，则报价应尽量地高，也就是说报价高到接近于难以找到理由予以辩护的地步。卖方报价要尽量高，这是因为卖方的报价事实上对谈判的最后结果设定了一个无法逾越的上限，因此报价一定要高。自然，卖方在报价之后可以再次提高要价，但这样做会失去谈判对方对你的信心。一般情况下，买方根本不会接受卖方的提价。因此，除非卖方具有特殊的理由，否则不要在报价之后再提价。

（二）报价越高，则为报价者所留的让步余地也越大

在谈判过程中，特别是在磋商阶段，谈判双方经常会出现相持不下以至于陷入僵局的局面。为了打破僵局从而使谈判顺利进行，使之不影响报价方的谈判目标，卖方可根据情况做出一些让步，适当地满足对方的某些要求。因此，高报价就为讨价还价阶段准备了有利的筹码。

（三）报价的高低影响着谈判对手对己方潜力的评价

一般来说，报价越高，对方对己方的潜力评价也越高；反之，对己方的潜力评价也就越低。因此，报价的高低直接影响谈判对方对己方的满意程度，对谈判的成败影响也很大。

（四）期望水平越高，成功的可能性也越大

研究人员进行过实验研究，让谈判双方都能经过多次讨价还价之后，拥有同样的机会可获得譬如 10 元的谈判结果。现研究者告诉一方，希望他以取得 8 元作为谈判目标，或者告诉另一方，希望他以取得 5 元作为谈判目标。经过多次实验，结果前者真正获得的成果极接近 8 元，而后者真正获得的成果也接近 5 元。由此可见，一个人的期望水平越高，他将会越努力去实现或维护这个水平，即使他在谈判过程中不得不做出一些让步，但最后他的成果也随之越高。也就是说，报价越高，卖方最终也会以较高的价格与买方成交。

当然，尽管卖方最初的报价要高，但在实际掌握中具有较大的伸缩性。谈判者在报价时还应把报价的高低同谈判对手的具体情况结合起来考虑。如对方是老客户，双方已经建立起了较真诚的友谊和合作关系，则没有必要把价格报得太高，水分太多。

同步案例 4 - 1

加薪的故事

一名工会职员就造酒厂的员工要求增加工资一事向厂方提出了一份书面申请，一周后，厂方约他谈判新的劳资合同。令他吃惊的是，一开始厂方就花了很长的时间向他详细介绍销售及成本情况，反常的开头让他措手不及。为了争取时间考虑对策，他便拿起会议材料看了起来。最上面一份是他的书面申请。一看之下他才明白，原来是在打字时出了差错，将要求增加工资 12%打成了 21%。难怪厂方小题大做了。他心里有了底，谈判下来，最后以增资 15%达成协议，比自己的期望值高了 3 个百分点。看来，他原来的要求太低了。

（资料来源：博泰典藏网．商务谈判报价和磋商．http://www.btdcw.com/btd 94i307yz oi6o2vt5ky9k_ 1.html.）

二、报价的顺序

报价的顺序，是指在谈判过程中谈判双方谁先报价。报价先后在某种程度上对谈判结果会产生实质性的影响，因此谈判人员一般对此都比较注意。

一般来说，先报价的有利之处在于，先报价比后报价（即还价）更具有影响力。因为先报价不仅为谈判结果确定了一个无法超越的上限（即卖方的报价）或下限（即买方的报价），而且在整个谈判过程中将或多或少地影响对方的期望值。因此，先报价比后报价具有更大的影响力。

当然，先报价也有其不利之处，这主要表现在两个方面：一方面，对方听了报价后，因对报价方的价格起点有了了解，可以修改调整他们原先的想法（或报价），从而获得本来得不到的好处；另一方面，对方听了报价后并不还价，却对报价方的报价发起进攻，百般挑剔，迫使其进一步降价，而不泄露他们究竟打算出多高的价。如果是己方人员报价，那么在没有弄清对方的意图之前不要盲目地让步。

那么，究竟是谁先报价呢？这个问题应根据具体情况而定。一般有以下一些情况。

（一）如果预计谈判将会出现激烈竞争的场合，或是冲突气氛较浓的场合，"先下手为强"

即应当先报价以争取更大的影响，争取在谈判开始就占据主动；如果在合作气氛较浓

的场合，先报价后报价就没有什么实质性的差别。因为双方都致力于寻找互惠互利的解决方案，不会过多地纠缠于枝节问题，以争取在较短的时间内达成交易。

（二）在一般的情况下，发起谈判的一方或卖方会先报价

若对方是行家，自己也是行家，则谁先报价都可以；但对方是行家，而自己不是行家，则后报价对己方较为有利；若对方不是行家，则不论自己是不是行家，先报价对己方较为有利。

三、报价的反应

在谈判过程中，当对方报价时，己方该如何对待呢？

（一）不要打断对方报价过程

如果在对方报价时，你不时地插话，这会使对方报价中断，同时你也听不到对方报价的后面部分。许多人在报价时通常先说出价格，而把让步条件或优惠条件留到最后再说，因此你的插话可能使对方省略了让步或优惠条件。再有，作为普通的社交原则，打断对方讲话是一种不礼貌、不道德的行为，这也会妨碍建立与保持和谐一致的谈判气氛。

（二）及时明确对方报价内容

在对方报价之后，最好应马上复述对方报价的主要内容，从而确信你已经真正了解了对方的报价。例如，卖方说："我们希望以600元的价格出售商品。"买方可以说："您刚才讲售价600元，是你的最高要价，对吗？"

（三）不要马上否决对方报价

即使对方的报价极不合理，也不要马上予以否决。在谈判中，不论己方有多么充分的理由，立即回绝对方的报价，都是鲁莽草率的行为。明智的做法是，向对方提问，或者告诉对方你需要时间考虑并建议暂时休会。如果己方胸有成竹，那么在对方对其报价加以说明和解释之后，不妨提出己方的看法。或者在仔细考虑对方的报价的基础上，向对方说明其报价中哪些是无法接受的，哪些需要对方重新报价，这样对方就可以知道哪些报价需要进一步斟酌，这种做法有利于谈判的顺利进行。

任务四　报价的基本策略

在任何一项商务谈判中，谈判双方在报价的时间上都有一个先后次序，而且报价的先后可能对最终的谈判结果产生较大影响。

一、报价的时间策略

视频：报价的基本策略

许多谈判代表都会提出这样的疑问：到底是先报价好呢，还是后报价好呢？

首先，我们来分析一下先报价的优势，先报价的好处是能先行影响和制约对方，把谈判限定在一定的框架内，然后在此基础上达成最终协议。例如，你报价 20 000 元，那么对手很难还价到 2 000 元。所以，许多个体商贩，大多采用先报价策略，而且报出的价格一般超出顾客拟付价格的一倍或几倍。一件衬衣成交的最低价为 80 元，商贩却报价 180 元，许多顾客不好意思砍价到 60 元。因此，只要有人在 180 元报价的基础上讨价还价，成交的可能性就会比较大，商贩就能盈利赚钱。当然，先报价也得有个"度"，不能漫天要价，否则将把客户吓跑。假如你到市场上问小贩，鸡蛋多少钱 1 斤？小贩回答 100 元 1 斤，你还会费口舌讨价还价吗？因此，报价无论先后，合理原则仍然是必须遵守的。

先报价虽然占领先机，但也存在一些不足。先报价可能会透露己方的情报，而对方在了解了我方的报价后，可与自己心理价格进行比较，调整自己的价格策略，合适就拍板成交，不合适就利用各种手段进行杀价。甚至可能因为对对方的价格接受界限低估，报出的价格大大低于对方心理可以接受的价格，从而导致失去本可轻易获得的利益。

报价的先后应视具体情况而定。一般来说，如果准备充分，知己知彼，就要争取先报价；如果你不是行家，而对方是这个领域的专家，那你要先沉住气，采取后报价策略，这样就能从对方的报价中获得信息，及时修正自己的方案；如果你的谈判对手是个外行，那么无论你是内行或外行，你都要先报价，力争牵制、诱导对方。如果预计谈判一定会进行得十分激烈，那么我方就争取先报价，以争取更大的影响。

自由市场上的老练商贩，大都深谙此道。当顾客是个精明的家庭主妇时，他们通常采取先报价的技术，准备着对方来压价；当顾客是个毛手毛脚的小伙子时，他们多半先问对方"你出多少？"，对方很可能报出一个比商贩期望值更高的好价格。

如果遇到双方都不愿意先报价的情况，那么就只能按照惯例，由发起谈判者先报价。投标者与招标者之间应由投标者先报价，卖方与买方之间应由卖方先报价。

二、报价的时机策略

价格往往是商务谈判的核心，按照谈判规律，一般应采取先易后难的原则。因此，谈判议程中通常将价格这样的核心问题放在谈判的中期或后期阶段，以避免在谈判初期因报价过早而使双方陷入僵局。

商务谈判中应该先让对方充分了解商品的使用价值和能给对方带来的利益，使对方对此产生兴趣后再报出价格。当对方对商品产生兴趣，主动提出报价要求的时机是报价的最好时机。当对方询问价格时，说明对方对商品产生了购买欲望，此时报价往往水到渠成，成交率比较高。

如果遇到对手在谈判开始时就要求己方报价，这时可以采取转换话题或听而不闻的策略。例如，在货物买卖中，买方一上来就说："请贵方报个价吧。"卖方可以这样转换话题："当然，价格无疑是双方关注的利益焦点，是非常重要的问题，因此，我们想放在最重要的时刻讨论。还是先让贵方先了解一下我们的商品品质、功能和竞争力等情况吧。"如果能够在谈判初期陈述商品或项目的功能、作用以及为交易者带来的好处和利益，让对方对商品或项目有一个比较深的了解并产生兴趣，一旦交易欲望被调动起来，这时报价就比较合适了。

三、报价的差别策略

报价的内容包含了价格、数量、质量、付款方式、交货期限以及交货地点等条款，同一商品对于不同的交易条件，其报出的价格也不同。对于购买数量较大、付款期限短的老客户，价格可以适当优惠；对于交易数量少、付款时效性不强的客户可以报价高一点；而对于一些新客户，为了开拓市场，也可以适当降低价格。

四、报价的心理策略

（一）用小单位报价

对于一些价格昂贵的商品，为了让购买者在心理上消除对高价格的敏感性，可以采用小单位报价方式。一方面，以小单位报价，从价格的数字看似乎不贵；另一方面，以小单位报价，显示商品的珍贵和高价值。例如，天麻的报价是每 10 克 6 元，因为以克为单位报价，所以 10 克与 6 元相比，显得价格并没有多高。人们购物时，习惯于论斤两，而对于克这一质量单位没有概念，所以不能准确感受商品的价格。如果给天麻报价为每千克600 元，则感觉上应该大不一样吧！

（二）化整为零报价

有些成套设备或者可组装的商品如果以整体为单位报价会显得价格很高，足以将客人吓跑。这时，不妨将整体商品分成几部分或者按零部件报价。例如，客人要组装一台计算机，可以按主板、显卡、内存条等进行报价。对于一些配套商品可以将主机与附件分开报价。当购买者以比较优惠的价格购买了主机后，自然需要配套的附件，这时附件的报价就可以高一点。因此，作为买方在谈判时必须保持冷静的头脑，确定价格包含的内容，不要被这种低报价所迷惑。

同步案例 4 － 2

谈判高手报价

动画视频：谈判高手报价

1. 大胆开价

谈判报价的第一条规则就是：一定要报出高于自己预期的条件。正如世界上最伟大的国际谈判高手亨利·基辛格说的："谈判桌上的结果完全取决于你能在多大程度上抬高自己的要求。"想想为什么应该开出超出自己预期的条件呢？不妨问问自己：

即便你坚信对方会分散业务，为什么还提出要对方把所有业务都交给你呢？

即便你知道自己的报价已经超出了对方的心理价位，为什么还要提出呢？

即便你知道对方的预算追加不会投入那么多资金，为什么还会建议对方投资顶级设备呢？

即便你知道对方以前从来没有购买过附加服务，为什么每次还会建议对方这样做呢？答案非常明显，你之所以这样做的主要原因如下：

（1）让你有一些谈判的空间。

（2）对方有可能会立刻接受你的条件。

（3）可能会提高你的产品或服务在对方心目中的价值。

（4）可以有效避免谈判双方发生冲突，从而使谈判陷入僵局。

（5）只有通过这种方式，你才能创造一种有利于让对方感觉自己赢了的谈判氛围。

2. 绝对不接受第一次报价

谈判报价阶段的另一个原则就是：永远不要接受对方的第一次报价。之所以如此，是因为一旦接受了对方的第一次报价，你就会在对方心目中自动引发两个反应。

反应（1）：我本来可以做得更好。有趣的是，这种反应并不一定与价格有关，而只是对方接受太快。例如，你在买车时报价8万元，而对方二话没说，一口答应了下来，你会有怎样的反应呢？你一定会想如果我只报7万元呢，对方也许能够接受，我本来可以报得更低的。

反应（2）：一定是哪里出了问题。当出售那辆汽车的销售人员接受你的第一次报价时，你的第二个反应肯定是：一定是哪里出了问题。一天我去一家商场购买衣服，对方报价180元，我还价80元，结果对方二话没说就同意了。我想，还价这么多，他都同意了，是衣服质量有问题还是其他摊位的衣服更便宜呢？所以我决定看看其他摊位的衣服再说吧。

所以，有经验的谈判高手一定会非常小心，他们一般不会接受第一次报价，也不会主动降价，以免让客户立刻产生以上两种反应。

3. 装作大惊失色

有经验的谈判高手知道，一旦听到对方报价之后，你的第一反应通常应该是大吃一惊。例如，你来到一个度假胜地，停下来看一位画家作画。他并没有标明价格，于是你问他多少钱一幅，他告诉你20美元。如果你并没有表示吃惊，他就会接着告诉你"上色另收6美元。"如果你仍然没有感到吃惊，他就会继续说"加框还需要收4美元。"

而另一位游客同样问画家"你这幅画多少钱？"画家同样回答20美元。而此时游客装出大吃一惊的样子说道"我没听错吧，刚从前面景点过来，一模一样的画，只要10美元呢！"画家说"你说的10美元，是这种没有上色的素画吧。"游客说"不是的，是上了色的彩画。"画家说"那是没有加框的这种吧。"游客说"正是因为他不加框，我没法带走，所以才没有买呢。"画家与游客再进行了一番讨价还价，最终这幅彩色、加框的画以10美元买走了。所以装着大吃一惊非常重要，因为大多数人都相信"耳听为虚，眼见为实"。

4. 扮演不情愿的卖家

有一位非常成功的地产投资商，每次他在认真地读完对方的报价单后，就会抬起头来看着对方，一边挠着耳朵一边说"我不知道在我所有的产业当中，我为什么对这块地产有着特殊的感情。我想把它保留下来，留给我的女儿作为毕业礼物。所以除非你给的报价非常合适，否则我想我是不会出手的。你知道，这块产业对我来说有着特殊的意义。不过还是要感谢你的报价。为了公平起见，同时也为了不浪费双方的时间，我想请问，你最多可以出到什么价钱?"

有经验的谈判高手总是会在谈判开始之前就把对方的报价空间调整到一个对自己有利的位置。

 **素养园地**

第一印象成就最终的谈判

会谈伊始，双方见而，彼此寒暄，互相正式介绍后，大家围坐在谈判桌前开始洽谈。这时的会谈气氛还是客气的、友好的，彼此可能聊一些谈判以外的话题，借以使气氛更加活跃、轻松，消除互相间的生疏感、拘束感，为正式谈判打下基础。在此期间能否争取主动，赢得对方对你的好感，很大程度上取决于对方对你的第一印象。第一印象在人们的相互交往中十分重要。如果对方与你初次交往中，对你的言行举止、风度、气质反映良好，就会对你产生信任。并愿意继续与你交往；反之，就会疏远你，而且这种印象一旦形成，就很难改变。因此，要营造相互信任的谈判气氛，就要争取给对方留下良好的第一印象。

第一印象是指在短时间内以片面的资料为依据形成的印象。心理学研究发现，与一个人初次会面，45秒内就能产生第一印象。第一印象，这一最初的印象会对他人的社会知觉产生较强的影响，并且在对方的头脑中形成并占据主导地位。烽火猎聘某资深顾问曾指出："保持和复现，在很大程度上依赖于有关的心理活动第一次出现时注意和兴趣的强度。"这种先入为主的第一印象是人的普遍的主观性倾向，会直接影响以后的一系列行为。

(资料来源：工商管理如何控制谈判的气氛.https://wen.baidu.com/question/570068253763099404.html)

思考：

如何打造良好的第一印象?

素养提示：

中国是礼仪之邦，谈判最初见面时，如果能够明理、懂礼、文明，会直接使对方对己方谈判人员产生良好的第一印象，并赢得最初的信任。

同步训练

一、单选题

（1）谈判中一方首先报价之后，另一方要求报价方改善报价的行为被称做（　　）。

A. 要价　　　　　　B. 还价　　　　　　C. 讨价　　　　　　D. 议价

（2）商务谈判追求的主要目的是（　　）。

A. 让对方接受自己的观点　　　　　　B. 让对方接受自己的行为

C. 平等的谈判结果　　　　　　D. 互惠的经济利益

（3）谈判中，作为卖方，报价起点要（　　）。

A. 低　　　　　　　　　　B. 高

C. 既要低又要接近理想报价　　　　　　D. 既要高又要接近理想报价

二、多选题

（1）买方还价中（　　）。

A. 对方报价离自己目标价格越远，还价起点越低

B. 对方报价离自己目标价格越近，还价起点越低

C. 对方报价离自己目标价格越远，还价起点越高

D. 对方报价离自己目标价格越近，还价起点越高

（2）在商务谈判中，下列哪几项应先报价？（　　）

A. 发起谈判者　　　　B. 投标者　　　　C. 招标者　　　　D. 卖方

（3）商务谈判价格解释除了内容上应密切结合谈判双方的谈判主题外，还必须坚持（　　）的原则。

A. 不问不答　　　　B. 有问必答　　　　C. 避虚就实　　　　D. 能言不书

（4）商务谈判双方讨价的方式主要有（　　）。

A. 全面讨价　　　　B. 分别讨价　　　　C. 针对性讨价　　　　D. 以理服人讨价

（5）制造僵局的方法有（　　）。

A. 小题大做　　　　B. 增加议题　　　　C. 联盟　　　　D. 环境改变

（6）恰当处理突破商务谈判僵局的主要策略与方法有（　　）。

A. 休会　　　　B. 换将　　　　C. 最后通牒　　　　D. 环境改变

三、简答题

（1）报价的两种方式及特点是什么？

（2）掌握报价的基本原则和方法是什么？

（3）报价时运用的策略和技巧有哪些？

 课后实训

一、实训概要

本次实训的目的是掌握商务谈判报价的策略与技巧，学生按照实训步骤，以模拟商务谈判报价完成实训内容。通过对商务谈判报价内容进行认知学习，使学生熟悉商务谈判报

价策略，能够掌握商务谈判报价技巧。

二、实训素材

计算机、谈判背景资料、PPT 等。

三、实训内容

（一）确定合理的报价

以小组为单位，分别模拟谈判双方，即一方皮包店老板，一方是消费者，确定各自的报价策略与技巧；谈判双方模拟此次谈判报价，重点是谈判报价技巧的运用。

背景资料：在下班的时候，在一商店内，你见到了你很想买的皮包，标价为 588 元，现在你身上只有 520 元。正准备谈价时，看到店中间的墙壁上挂着"还价免谈"。这时天已经黑了，商店快关门了。你打算怎么办？

实训具体要求：

以小组为单位，选派小组代表各 1 名，采用模拟谈判的形式，对谈判报价进行模拟。具体内容包括以下两个方面：

（1）模拟双方谈判报价的场景及过程。

（2）重点凸显谈判报价的策略与技巧。

（二）提出报价的训练

根据本实训项目的谈判背景，以小组为实训单位，应用所学的知识为谈判报价做出选择。

背景资料：你是一家光缆供应商，想与本地有线电视台老板约会。对方总是以太忙为借口而难以安排。几经延迟，对方叫你在当天晚上马上去机场办票处，在他等待办理登机手续的时间里与你见面。这对你是一个难得的机会！他边向办票柜台走边与你交谈，可以与你签订一份够你的公司生产半年的光缆供货合同，要你开一个"最好价"。这时你的选择有以下 4 个：

（1）在他进入安检门之前开出你的最低价以便能挤进门里去。

（2）开出比最低价略高一些的价码。

（3）开个高价但留下讨价还价的余地。

（4）祝他旅途愉快。

实训具体要求：

以小组为单位，采用 PPT 汇报的形式，结合背景资料，为本次谈判报价做出合理的选择。具体要求如下：

（1）请你做出自己的选择。

（2）针对你做出的选择，请说明理由。

项目五　商务谈判磋商

知识目标

（1）了解商务谈判磋商的一般步骤。
（2）了解商务谈判磋商的让步方式。
（3）了解商务谈判磋商中僵局产生的原因。
（4）熟悉商务谈判磋商的常用策略。

能力目标

（1）掌握按照谈判磋商的原则开展模拟谈判。
（2）理解在模拟谈判中运用各种策略进行有效磋商。
（3）熟悉准确分析产生僵局的原因并正确处理僵局。
（4）掌握谈判节奏，驾驭整个谈判局势。

素养目标

（1）运用商务谈判磋商中的策略，在商务贸易活动中获得有利于己方的谈判结果。
（2）在商务谈判磋商全局中，培养读者的驾驭全局能力与信誉观。

思维导图

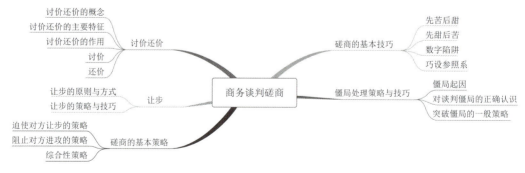

任务引入

"二桃杀三士"之法

2004年，中国想发展高铁，德国西门子漫天要价开价520亿。铁道部用"二桃杀三士"之法低价引进最新国际技术，西门子股票暴跌，谈判团队集体被总部炒鱿鱼。当年，中国市场对铁路的需求日益增强，国产的高铁技术还未成熟，对前沿的高铁技术需求急迫。于是，决定用庞大的市场需求作为谈判筹码与其他国家展开合作。

铁道部发布了采购需求：140 列时速 200 公里的动车组。筛选了一圈，发现有 4 家公司符合条件，分别是德国西门子、法国阿尔斯通、日本高铁联合体和加拿大庞巴迪。前三家技术比较成熟，庞巴迪实力相对弱小。经过调研发现西门子综合实力最强，技术最先进。西门子也知道自己的优势，所以猜测铁道部的首选合作对象是他们。因此，西门子态度傲慢，漫天要价，每一列动车开价 3.5 亿，加上技术转让费 3.9 亿欧元。(140 列动车总报价约 520 亿人民币)。这 140 列动车对于我国来说，仅仅是高铁的开端，整体市场绝不止这个数。所以铁道部不允许在一开始就被外国公司把控，毕竟是关乎国计民生的基础设施，主动权当然要握在自己手中。为了保证铁道部在谈判中的主导地位，给几家公司上了"两道硬菜"：

(1) 参与投标的公司必须是中国企业。

(2) 参与投标的中国企业必须有国外成熟技术的支持。

这两个条件的真实目的是让国外高铁公司用技术和国内的公司合作，国外的公司如果不合作就不能参与投标。有了这两个条件，铁道部进一步明确了细节，关键技术必须转让、并且以最低的价格 (通过谈判实现)，所使用的产品必须是中国的。铁道部指定两家国内企业，一家是南车集团的四方机车车辆股份有限公司 (南车四方)，一家是北车集团的长春客车股份有限公司 (北车长客)。这是最关键的一点，指定这两家，然后封锁了其他所有的谈判入口，这四家若想合作，必须找国内的两家公司谈判。所以呢，四家争两家，铁道部就掌控了主动权！

北车长客的目标是西门子，南车四方的目标是日本高铁联合体。庞巴迪合作的技术稍微落后，所以他们也最积极、最听话。法国的阿尔斯通出于自身的原因，与两家公司都在谈判，北车长客与南车长客都通过与阿尔斯通谈判给西门子和日本联合体施加压力。事实证明，铁道部的策略是对的。西门子自恃技术强大，开始漫天要价，不仅仅开出了 520 亿的天价，还设置了 50 多项技术转让障碍。铁道部官员出面与西门子交涉，对方以为铁道部服软了，更加肆无忌惮。于是铁道部下令北车长客加速与阿尔斯通的谈判，在投标截止日期前完成全部的谈判，双方直接签订协议。随后，南车长客与日本联合体顺利谈拢，投出了标书。庞巴迪以合资的方式参与了投标。庞巴迪虽然实力弱，但是他们非常配合，我们要什么他们就给什么、技术转让、国产化都非常顺利，所以中方有意留下他们，在谈判中极大削弱了其他三家的谈判气焰。德国西门子公司连投标的资格都没有，直接出局，消息传开之后，西门子的股价暴跌，整个谈判团队集体被西门子总部炒了鱿鱼。

2005 年，铁道部又开始了时速 250 公里高铁的招标，这一次西门子学乖了，开价每列动车 1.9 亿人民币，技术转让费也降为 8 000 万欧元。可以说是超低价，因为西门子的介入，阿尔斯通与日本高铁联合体只能接受这样的价格。前后两年的时间里，中国拥有了时速 250 公里高铁的核心技术，此后中国进一步发展了自己的高铁，在线运营车辆已有 2 500 余列，最高时速达到 380 公里。截至 2019 年年底，我国高铁里程达到 3.5 万公里，超过世界其他国家高铁营业里程总和。而相比全球各国，中国高铁票价最低，建设成本约为其他国家的 2/3。

案例思考

(1) 请结合案例，谈谈我国高铁谈判磋商运用了哪些策略与技巧？

(2) 请结合案例，分析铁道部用"二桃杀三士"之法的精妙之处是什么？

任务一　讨价还价

在一般的情况下，当一方报价之后，另一方绝不会无条件地接受对方的报价，因此谈判双方会就各项交易条件进行磋商，彼此讨价还价，于是谈判就开始进入磋商阶段。磋商阶段，即讨价还价阶段，是指谈判双方为了争取获得有利于己方的谈判结果而就各项交易条件进行相互协商的过程。

一、讨价还价的概念

讨价还价有狭义和广义之分，其中狭义的讨价还价是指买卖双方为确定商品成交价格而进行的争议；广义的讨价还价是指谈判中的讲条件。

狭义的讨价还价与广义的讨价还价的区别：

狭义的讨价还价与广义的讨价还价在含义和内容上是不同的，它们的区别主要表现在以下三个方面。

（一）讨价还价的主体不同

狭义讨价还价仅仅是买卖双方的事，而广义讨价还价既可以是买卖双方的讨价还价，也可以是老板与雇工之间、上司与部下之间、同事之间的谈判或讲条件。

（二）讨价还价的内容不同

狭义讨价还价仅指双方对价格问题的争议，而广义讨价还价还可指价格以外的事，如商务谈判、政治谈判、招聘谈判等。

（三）讨价还价双方关系不同

在狭义讨价还价中，买卖双方的利益一般是相互对抗和矛盾的，一方获利多，另一方获利必然会减少。而在广义讨价还价中，双方的利益可以是一致的，为了实现共同的目标，双方在一定条件下互惠互利。

二、讨价还价的主要特征

一般来说，在谈判过程中，讨价还价具有以下四个方面的主要特征。

（一）对抗性

在讨价还价阶段，谈判双方都会尽力发挥己方的优势，努力使谈判朝着有利于己方的方向发展。

（二）攻守性

在讨价还价过程中，谈判双方都分别进行陈述，列举事实，希望对方了解并接受己方的意见、观点和看法。一方举一个例子，要求对方接受某观点时，另一方往往马上举出另外一个例子加以反驳，一攻一守，有攻有守。

（三）策略性

在讨价还价过程中，谈判策略使用得如何，对谈判的成功有着重要的作用。也就是说，谈判的策略性是由讨价还价的性质、目的、内容、对象等因素所决定的。例如，在互惠互利型的谈判中，通常使用"休会策略""最后期限策略""润滑策略"等。在对己方有利的谈判中，经常使用"既成事实策略""声东击西策略""价格陷阱策略"等。

（四）预测性

讨价还价双方在此之前，由于经过事先的接触、交谈、明示和说服，双方都已对对方的条件、要求、想法等有了相当的了解。因此，对讨价还价的内容、方法、程度、结果等都会有个大致的预测和估计。为了使己方在讨价还价中占有优势，双方都会根据预测而做好充分的准备。以报价为例，双方都会根据国际行情，通过反复比较、权衡、具体计算，来确定报价的起点，以此为基础和依据与对方讨价还价。

三、讨价还价的作用

尽管讨价还价会使谈判双方情绪对立，关系紧张，甚至使谈判陷入僵局，但是在谈判过程中一般还是不能缺少它，否则也会引起谈判者的不良情绪（想法、心态），严重的甚至导致身体出现疾病。这是因为讨价还价是谈判过程中的一个重要环节，人们的各种需要（特别是信任的需要）都是通过讨价还价的谈判过程来实现的。也就是说，利益的需要可借谈判结果来满足，而信任的需要和人格的需要则主要是借谈判过程（谈判者的态度和语言）来满足。

四、讨价

（一）讨价的概念

所谓讨价，是指在买方对卖方的价格解释予以评论后，买方要求卖方重新报价或改善报价。

所谓价格解释，是指由卖方向买方就其报价的内容构成、价格的取数基础、计算方式所做的介绍或解答。通过价格解释，买方可以了解卖方报价的实质、态势及其诚意，卖方可以充分利用这一机会说明己方报价的合理性及诚意，因此双方对此均应重视。买方应善于提问，即不论卖方怎样回避，总能设法去提出各种问题让其回答，以真正透彻了解卖方的报价。相反，卖方则应充分准备各种材料，按报价内容次序做解释，所做的解释或回答应有助于保卫己方的价格地位。

卖方做价格解释时应遵循以下原则：

1. 不问不答

买方不主动问不回答，买方未问到不回答，以免言多必失，削弱己方谈判地位。

2. 有问必答

对于买方所提问题要回答，并且要很流畅。因为既然要回答，却又欲言又止，这会引起对方的怀疑，授人以降价的把柄。

3. 避实就虚

回答问题、提供的资料应以好讲的为主，不好讲的部分、利润高的部分为次。能挡则挡，能拖则拖，尽力维护己方的价格地位。

4. 能言勿书

能用口头表达的解释不用文字写。实在要写，应写在黑板上，纸上写粗不写细。常言道："口说无凭"，错了可以改，也可以否，而"白纸黑字"，错了不易改，也不易否。

（二）讨价前的准备

在进行讨价前，买方要做到心中有数，不能盲目地要求卖方重新报价或改善报价，因此在讨价前应做如下的准备内容：

视频：讨价前的准备

（1）要明确对方为什么如此报价，对方的真正期望和意图是什么。

（2）要研究对方报价中，哪些是他必须得到的，哪些是他希望得到的但不是非得到不可的，哪些是比较次要的，而这些又恰是诱导对方让步的筹码。

（3）要注意观察对方的言谈举止和神情姿态，弄清对方所说的与他的期望是否一致，以此来推测他的报价是否可靠。

（4）要对谈判形势进行判断，分析己方讨价的实力，了解怎样才能使对方不断得到满足而同时又能得到己方的利益。

（5）根据对方报价的内容和己方所掌握的比价材料，推算出对方的虚价何在及大小，以便己方采取相应的对策。

（三）讨价的方法

在谈判的磋商阶段，通过权衡利弊，买方向卖方讨价，是有一定方法的。一般来说，有全面讨价和针对性讨价两种方法。

1. 全面讨价

当卖方报价并且对其报价进行了解释和说明后，据此如果买方认为卖方报价很不合理且离自己的期望太远时，则可要求卖方从整体上重新报价。一般地说，即使买方对卖方的报价不是全盘否定，作为买方首次讨价也可以要求卖方全面重新报价。同时要注意，对于总体重新报价，买方也要要求卖方按细目重新报价，不能总的降百分之多少或是多少万美元，而是要把调价反映在具体项目上。

2. 针对性讨价

如果买方对卖方的报价基本肯定时，那么可以要求卖方先就某些明显不合理的部分重新报价，即对虚头和水分最大的部分先降价，此时买方的讨价是具有针对性的。但对总体价格并不确定，而是留作最后定价时谈判。

（四）讨价的态度

讨价时，在态度上要尊重对方，要采取说理的方式。买方的讨价，应以启示法诱导卖方降价，并为还价做准备。如果在该阶段，采取"硬压"的方式，则会使谈判过早地进入僵局，从而会对谈判结果有不利的影响。因此，在初期、中期的讨价即还价前的讨价应保持平和信赖的气氛，充分说理以求最大的效益。在此阶段，卖方常常会以"算错了""内部调整""与制造厂商量""我不要某些费用了"为借口或措辞，对价格做部分调整，不过此时的调价幅度均不会很大，但作为买方，不论卖方以有逻辑还是无逻辑的理由，为自己的调价找借口，你都应该欢迎，给对方垫台阶，鼓励他降价。

（五）讨价的次数

如果买方讨一次价，就能得到卖方的一次重新报价，这对买方是有利的。不过，一般情况下，卖方在买方讨一次或二次价后，往往会坚持己方的立场、不肯让步，因为他为了维护自己的利益，总是依据其地位的强弱力争多留讨价还价的余地。因此，买方的讨价次数不是毫无限制的。

通常，卖方在做了一两次价格改善以后就不再让步了，他们会说："我已到了墙角，别逼我了""我要掉下山崖了""你们要是钱少，可以少买些""我已无法降价，你们说要多少。"态度一会儿强硬，一会儿低下，表情十分感人，要求买方接受他的第二次或第三次重新报价，或者要求买方还价。针对这种情况，买方也不要失去信心、轻举妄动，只要卖方的报价没有进行实质性的改善，即卖方应对买方提出的价格虚头做超过半数以上的改善或者至少30%以上的改善。

总之，买方应根据卖方报价虚头的大小、价格改善的情况、卖方的权限、卖方成交的决心、双方关系的好坏来决定讨价的次数。

五、还价

还价是指卖方在听了买方的价格评论后修改了报价或未修改报价，要买方说出他希望成交的价格，即买方以数字或文字描述回答卖方的要求。

所谓价格评论，是指买方对卖方的价格解释及通过解释了解到的卖方价格的高低性质做出批评性的反应。也就是说，买方通过对卖方的价格解释予以分析研究，寻找其报价的合理之处，并对这些"虚头"和"水分"在讨价还价之前先挤一挤。价格评论基本上是针锋相对进行的，买方可以把技术商务人员组织起来分别进行讨论。

（一）还价前的运筹

经过讨价之后，买方也必须要还价。这就要做好还价前的准备工作。除了要弄清对方几次报价的情况及其真正意图外，还要根据手中的比价材料谨慎从事。因为还价是买方公开叫了价，若还价还得不够妥当，不仅会使己方在后续的谈判中让步的余地变小，而且会把本来想尊重卖方的态度被误认为侮辱人。因此，还价好，则谈判性强，对双方都有利；还价不好，则对方过于吃紧而使谈判变得紧张直到破裂。

（二）还价的方式

在国际商务谈判中，还价的方式从性质上看可分为两类：一是按比例还价；二是按分析的成本还价。这两种还价方式又可以具体分为以下做法：

视频：还价的方式

1. 逐项还价

对主要设备逐台还价，对每个项目，如技术费、培训费、技术指导费、工程设计费、资料费等可以分项还价。

2. 分组还价

根据价格分析时划出的价格差距的档次，分别还价。对贵得多的价格，还价时压得多，以区别对待、实事求是。

3. 总体还价

把成交货物或设备的价格集中起来还一个总价。究竟应采取哪一种还价方式，应根据具体的情况而定。但绝不能不加分析、生搬硬套。

如果卖方价格解释清楚，买方手中又有丰富的比价材料，卖方成交心切，且有耐心有时间，这时买方可采用逐项还价方法，对己方有利，同时对卖方充分体现了"理"字，卖方也不会拒绝，他也可逐项防守。

如果卖方价格解释不足，买方掌握的比价材料又少，但卖方有成交的信心，然而性急且时间紧，这时买方可采取分组还价的方式，这对双方都有利。

如果卖方报价粗，且态度强硬，或双方相持时间也很长，但均有成交的愿望，在卖方做一两次调价后，买方也可以做总体还价，不过还价要还得巧。所谓"巧"，就是既考虑到对方改善报价的态度，又能抓住他们无理的地方；既考虑到买方自己的支付能力，又注意掌握卖方的情绪，留有合理的让步余地；既做到在保护买方利益的同时，也使卖方能感到有利可图而不失成交的信心。

（三）还价的起点

当买方选定了还价的性质和方式以后，最关键的问题就是确定还价的起点，即以什么水平和条件作为第一还价，这第一锤子敲得好，对双方将起决定性影响。若能敲出对方讨价还价的热情，说明成交有望；若能使对方跟着买方还价走，将对买方成交价高低有决定性影响。倘若敲不好，卖方就会失去成交信心，因为卖方把希望寄托在买方身上。因此，买方对于第一次还价一定要十分慎重。

怎样才能确定还价起点？首先，应分析卖方在买方的价格评论和讨价后，其价格改善了多少；其次，看卖方改善的报价与买方拟定的成交价格之间还有多大的差距；再次，买方准备不准备在还价后让步？若让步，准备让几步，这几条是决定还价起点的基本条件。

任务二　让　　步

一、让步的原则与方式

让步或妥协，在谈判上并非是失败的表现。相反，妥协在某种情况下也是一种行之有效的谈判策略，懂得在适当的时机做出让步来换取己方利益，恰恰是谈判成功的先决条件。但妥协并不是无原则的退让，商务谈判中必须坚持正确的让步原则，选择恰当的让步方式，才能做出有效让步。

（一）让步的基本原则

1. 让步的时机原则

让步时机的选择会影响让步的效果。如果让步过早，会使对方误认为是"顺带"得到的小让步，这将会使对方得寸进尺；如果让步过晚，对方可能失去耐心和信心，使谈判容易陷入僵局，当陷入僵局后才做出让步，这对控制谈判结果不利。一般来说，让步的主要部分应放在成交之前，以影响成交条件；而处于次要的、象征性的让步则放在最后时刻，作为最后的"甜头"，以促成交易。

让步也可能选择在双方最需要的时候做出。让步通常意味着妥协和某种利益的牺牲，因此，不是迫不得已，绝不要轻易让步。让步应有明确的利益目标，让步的根本目的是保证和维护己方欲得利益。通过让步从对方那里可以获得利益补偿，或者是"放长线钓大鱼"，换取对方更大的让步；或者是巩固和保持己方在谈判全局中的有利局面和既得利益。无谓的让步，或者是以让步作为赢得对方好感的手段都是不可取的。

2. 让步的节奏原则

让步必须控制好轻重、频率和幅度。让步是一种极有分寸的行为，不可"眉毛胡子一把抓"，要分轻重缓急。有经验的谈判人员，为了争取主动，保留余地，一般不首先在原则问题、重大问题，或者对方尚未迫切要求的事项上做出让步。明智的做法是尽量让对方在原则问题、重大问题上首先做出让步，而己方则在对方的强烈要求下，在非原则的次要的较小的问题上适当让步。

让步次数不宜过多，过多不仅意味着利益损失加大，而且也影响信誉、诚意和效率；让步频率不宜过快，过快容易鼓舞对方的斗志和志气；让步幅度不可太大，太大反映了己方条件"虚头大，水分多"，会使对方进攻欲更强，进攻更猛烈。

3. 让步的对等原则

让步的对等原则是指谈判双方在磋商中应强调利益的"交换"。也就是说，以己方的让步换取对方的让步。"交换"让步要保证交换的现实性和必要性。现实性是指在己方做出让步后，一定要等待和争取对方有相应的回报，在没有得到对方回报前，不要做出第二次让步。必要性是指"交换"让步是以利益和必要性为依据的，不可因为对方让步，我方就一定要让步。要评估对方的让步是不是我方真正需要的条件，如果对方做出的让步并不是我方所需要的，那么就不必做出相应的让步来回应。

在谈判磋商中，只有双方都付出了自己艰苦努力，用了较长时间，花费了巨大精力，使出了浑身解数，才会对所获得的结果更加珍惜。因此，谈判让步不要轻易做出，即便对方提出的要求在我方谈判计划规定的让步范围之内，也要进行多个回合的讨价还价，拖延答应的时间，在对方觉得几乎不可能的情况下才做出让步。

（二）让步的一般方式

谈判的让步原则，强调要正确地控制让步的次数、频率与幅度，即不可让步过多、过快、过大。而在实际谈判中，其"量"的概念是无法具体规定的，让步方式也不可能有成规可循。因为让步方式会受到交易特性、市场需求状况、谈判策略以及谈判时的客观环境等系列因素的影响。

同步案例 5 - 1

二手车销售中的让步技巧

假如你准备出售一辆二手车，刚开始的报价是 55 000 元，而你的心理底价是 45 000 元。所以，谈判空间是 10 000 元。然而让出这 10 000 元的方式却非常关键。例如，本案例可能出现的 8 种让步方式，如表 5-1 所示。

表 5-1　本案例可能出现的 8 种让步方式　　　　　　　单位：元

让步方式	让步尺度	第一次让步	第二次让步	第三次让步	第四次让步
1	10 000	0	0	0	10 000
2	1 0000	2 500	2 500	2 500	2 500
3	10 000	1 000	2 000	3 000	4 000
4	10 000	3 500	3 000	2 000	1 500
5	10 000	4 500	3 500	1 200	800
6	10 000	5 500	4 000	0	500
7	10 000	5 500	4 500	−500	500
8	10 000	10 000	0	0	0

表 5-1 中的 8 种让步方式在实际中都有可能出现，而其中的几种错误让步方式可能会给谈判带来许多障碍，谈判者要慎重使用。

1. 错误的让步方式

（1）最后一次让步的幅度过大。在如表 5-1 所示的让步方式 4 中，双方经过反复磋商，然后你告诉对方"这是我的底线，我不可能再让 1 分钱了。"可问题是，总额为 10 000 元的让步空间，你第一次让步 3 500 元，第二次让步 3 000 元，第三次让步 2 000 元，最后一次让步 1 500 元。对方认为 1 500 元绝对不是最后一次让步，可能会断定至少还有 500~1 000 元的让步。他会告诉你"好了，看来我们没什么好谈的了。如果你能再让 1 600 元的话，我想我们还可以继续谈。"你却一口拒绝，告诉对方，你连 50 元都不会再让了，因为你刚才给出的已经是自己的底线了。这时候对方可能真的会拂袖而去，因为他可能会想"你刚刚让了 1 500 元，现在居然连 50 元都不肯让。为什么这么不讲情面呢？"所以，最后一次让步的幅度千万不能太大，因为很可能会让对方对你产生敌对情绪。

在如表 5-1 所示的 8 种让步方式中，让步方式 1~4 都存在这样的问题，特别是让步方式1，前面三步都没有丝毫让步，而最后一步却让出全部，全额达到10 000元。如果对方能够坚持到第四步，而且获得了这样大幅度的让步，一定会继续提出让步要求的。

等差让步：在如表5-1所示的让步方式2中，采用的是等差让步方式，即你通过每次让步2 500元的方式分4次让出了10 000元。想象一下，如果你这样做的话，你的对手会怎么想。对手并不知道你到底会把价格降到多少，他只知道一点，你每让一步，他就可以省下2 500元。所以他会要求你不断让步。事实上，千万不要进行两次幅度相同的让步。

（2）一开始就全让出去。在如表5-1所示的让步方式8中，是一种需要避免的一次让步到位方式，即谈判一开始就把10 000元全部让掉。你可能会想"我怎么会做出那么愚蠢的事情呢？"其实这完全有可能。

例如，一位昨天刚看过你汽车的人给你打电话"我们从3家二手车经营者那里选了3辆二手车，都很喜欢，所以现在最关键的就是价格。我们想，最公平的做法就是让你们3家同时出价，然后我们挑选价格最低的那家。"除非你是一个非常有经验的谈判高手，否则你会大为震惊，并立刻把价格降到最低。即便如此，对方也并没有保证你不会再次遭遇竞价。

再如，对方还有一种方法也可以让你把价格一降到底。他们会告诉你"我们不喜欢谈来谈去，给个痛快价吧！"

又如，你正在争取一名新客户，只见你的对手一脸认真地告诉你"告诉你我们是怎么做生意的吧。在我们公司刚成立时，公司的创始人就说过：一定要认真对待我们的供应商，千万不要讨价还价。让他们报上最低价，然后告诉他们我们是否接受，这么多年来，我们一直是这么做的。所以你只要告诉我们最低价格就可以了，我们会痛快地告诉你答案。因为我们不喜欢讨价还价。"这位采购商是在撒谎，他很喜欢讨价还价。事实上，当他和你说这番话时，本身就是在砍价，想看看能否在一开始就把价格降到最低。所以你千万当心，不要被对手一脸的诚意所迷惑，一定要坚持己方最初设计好的让步策略，把握好让步节奏。

（3）让步幅度由小变大。在如表5-1所示的让步方式3中，因为对对手不是很了解，先进行小幅让步来试水，看看对方会有什么反应，这是谈判桌上常用的让步策略。例如，当对方提出让步要求时，你可能告诉对方"好吧，我可以把价格降低1 000元，但不能再降了。"如果对方表示反对，你可能会想"看来这场谈判并不像我先前想得那么容易。"接着你再降了2 000元。对方还是不满意，于是在下一轮谈判中，你又降低了3 000元。最后，你干脆将剩下的空间4 000元全部降了。

看看你都做了些什么，一开始还是小幅让步，可慢慢地，你让步的幅度越来越大。按照这样的方式谈判，你永远都不可能与对方达成交易，因为他们每次要求你降低价格时，你都给了他们更大的惊喜，所以他们就会不停地要求你降价。之所以会出现这样的问题，就是因为你一开始就在对方的心目中确立了一种让步的模式。

对于以上错误的让步，一定要避免。那么，哪些正确的让步方式是可以采取的呢？

2. 正确的让步方式

让步幅度由大变小。做出让步的最佳方式之一就是在开始时，首先答应做一些有利于达成交易的合理让步。例如，在如表5-1所示的让步方式5中，让步空间为10 000元，开始是让5 500元还是让4 500元呢？应该都可以，这没有统一的规定，占到整个让步空间的 40%~50% 就可表明让步一方合作的诚意了。但一定要记住，在随后的让步中，一定要逐渐减少让步幅度。减少让步幅度实际上是在告诉对方，这已经接近你所能让出的最大限度了。

为了检验一下这种方法到底有多大的效果，我们可以回想一下小时候向家长要零花钱的经历。当你是个孩子时一定以各种理由向家长要过零花钱吧。比如跟同学一起去郊游，你对妈妈说"妈妈，你能不能给我 100 元。"妈妈则告诉你"没门儿，我像你这么大时，一周只有 5 元零花钱，而且还要帮家里扫地、洗碗才能获得。你一次就要 100 元，不可能，最多给你 50 元。"

你开始讨价还价，说"50 元根本不够，要跟同学一起去郊外野炊，现在东西好贵呢。"此时，妈妈与你之间确立了一个谈判范围，你要 100 元，妈妈只给 50 元。谈判还在继续，数目逐渐提高到 60 元，然后是 65 元、67.5 元。当妈妈把数目提到 67.5 元时，你就知道这已经是极限了。妈妈通过逐步减少让步幅度，在潜意识里已经告诉你，她已经不可能再继续增加了。

（三）关于让步幅度的应对策略

在谈判的过程中，一定要时刻保持警惕。要留意对手对你做出的让步幅度，并仔细记录下来。但千万不要因为对方让步的幅度缩小而感觉对方已经接近底线。他可能只是在对你使用这种策略而已。你必须明确报价的依据，明确对方的起点价是否有水分；然后必须进行深入分析，找出要求继续让步的理由收回让步。如果你正在向客户推销一种商品，你的报价是每件 18 元，而客户还价为每件 12 元，你们经过多个来回的磋商，最后双方都认为 14.5 元的价格比较合理。这时客户可能会想："我从 18 元降到了 14.5 元，我想还有可能降到 14 元。"于是说道："你看，现在生意很不好做，我想除非你能把价格降到 14 元，否则我实在没法做这笔生意。"

然而，他可能只是在引诱你，想看看你是否有可能把价格再降一点。千万不要害怕，更不要为了保住这笔交易而立即做出让步。你可以告诉他"我也不能确定能否答应你的要求。这样吧，我先向销售经理请示一下，看看能否接受你的条件，明天再回答你。"第二天，你告诉客户"非常不好意思，我们商量了一整晚，结果发现，我们的一位工作人员犯了一点小错，我们当初的成本估算出了点问题。现在我对我们昨天商定的价格 14.5 元恐怕都无法答应，我们现在所能接受的最低价格是 15 元。"这其实是使用了典型的权力有限和让步收回的黑脸–白脸策略，虚构了销售经理这样一个更高层次的权威，而自己仍然是站在客户这边的，只是权力有限，没有办法。

这时客户会做出何种反应呢？他很可能会大发雷霆"什么？昨天谈的可是 14.5 元，我们只能接受 14.5 元。"这样，客户再也不提 14 元了。这正中己方下怀，有效地阻止了对方的进攻。

当然收回让步必须谨慎，如果对方在谈判过程中始终抱有善意，则不应使用这种诡诈方式来结束谈判。只有当你感觉对方一直在通过谈判榨取你的所有利润，直接把你逼到底线，或者虽然对方也想与你达成交易，可他心里却在想"如果我多花一点时间和他人谈下去的话，不知道一个小时可以赚到多少钱"时，才可以考虑使用这种策略。收回让步，不只是一味地纠缠于价格，也可以通过收回其他交易条件来达到同样的目的。

（四）收回让步的技巧

下面介绍如何运用收回其他条件，阻止对方进攻的 4 种情形：

（1）我知道我们正在讨论安装费用问题，可昨天向领导汇报后，领导告诉我，按照这种价格，我们不可能提供安装。

（2）我知道我们讨论的价格包括送货费，但财务部门的成本核算人员告诉我，就这种价格来说，如果还免费送货，我们不仅完全没有利润可言，而且还要亏损。

（3）我知道你需要 60 天账期，可如果是这种价格的话，我们希望你能够把账期缩短到 30 天。

（4）是的，我的确承诺过能调整培训费用，但请示公司领导后，领导告诉我，如果你们只能接受这种价格的话，我们就必须另收培训费。

但是必须记住，千万不要收回那些比较重要的条件，因为这样很可能会惹怒对方，使可能的合作破裂。收回已经做出的让步就像是一场赌博，但它可以督促对方做出决定，而且通常可以决定一笔生意的成败。

（五）关于收回让步的应对策略

你可能会遇到这种情形，一位服装销售人员告诉你"这样吧，我请示一下经理，看看能不能再给你便宜一点。"之后他会回来告诉你"非常抱歉，你相信我们刚才一直讨论的竟然是特价产品吗？我本来以为特价活动还在进行，可这个活动上周六就已经结束了，所以就连刚才商定的价格我们都无法接受。"这时，你马上就会忘记自己刚才让对方再做出让步的要求，恨不得立刻以对方第一次报出的价格达成交易。但是，请一定要记住，千万不要让这种事情发生。

当有人对你使用这种策略时，不要紧张，一定要坚决要求对方先解决好自己内部的问题。告诉对方，他必须确定谁有权力做出最终的决定，然后双方再展开真正的谈判。

二、让步的策略与技巧

在讨价还价过程中，让步是使谈判得以继续进行并取得成功的常用方法。但由于牵涉到许多因素，例如用什么方式（让步的幅度与节奏），在什么时候（让步的时机），在什么方面（让步的来源或代价），因此在让步时需要进行周密的考虑，制定相应的让步策略，才能获得成功。

（一）让步的方式

1. 一次让步的幅度不宜过大，节奏也不宜太快

因为让步的幅度太大以及节奏太快，会使对方感到己方这一举动是处于软弱地位的表现，会建立起对方的自信心，提高对方的期望，并使对方在以后的谈判中占据主动。在这种情况下，要让对方做出同等幅度的让步是很困难的。在一般情况下，买方处在比卖方稍为有利的地位，因此买方比卖方的让步幅度稍小一些。即从一开始只做小幅的让步，并在以后始终坚持缓慢的让步。相反，卖方开始所做的让步可以稍大些，以后再缓慢地让步。经验证明：出价较低的买主，通常也能以较低的价格买入；愿意以较低的价格出售的卖主，通常就会以较低的价格卖出。一次只做少许让步的人，结果对他也较为有利；一次就做较大让步的人，通常都会失败。

2. 让步的幅度与节奏应具有不可测性

如果谈判者向对方所做的让步，在让步的幅度与节奏上具有可测性，那么谈判对方就会根据己方让步的幅度与节奏来判断你所做让步的类型，从而易使己方陷入被动的地位。

3. 不要承诺做同等幅度的让步

例如，对方在某一条件上向我方做了50%的让步，而己方在另一条件上做了40%的让步。如果对方说"你方也应该对我方做50%的让步"，己方则可以说"我方无法承受50%的让步"来委婉拒绝对方。

（二）让步的时间

1. 双方让步要同步进行，以让步换让步

己方在每一次让步以后，也必须要对方做相应的让步，在对方做出相应的让步前，不能再让步。有来无往，非礼也。当谈判者在商务谈判中采取横向谈判的方式时，谈判双方可以在各个不同的议题上进行利益交换，从而实施互惠互利的让步策略。争取互惠互利的让步，除了跟谈判中采取的商议方式有关外，还需要谈判者有开阔的思路和视野。谈判者要将谈判看成一盘棋来走，除了某些己方必须得到的利益外，不要太固执于某一个问题的让步，在一个问题上卡死。

2. 不要做无谓的让步

因为让步是为了换取对方在其他方面的相应让步或优惠。而且，让步要让在刀口上，让得恰到好处，使己方以较小的让步能给对方以较大的满足。绝不能以让步作为赢得对方好感的手段，也就是说不要做消极让步而是要做积极让步。

3. 不要毫无异议地接受对方首次做出的让步要求

要让对方感到从己方得到让步不是件轻而易举的事，每次做出的让步都是重大的让步，他才会珍惜所得到的让步。因此，做让步时，一定要表现出非常勉强的样子。切莫让对方毫不费力地获得己方的让步，因为从心理学角度来说，人们对不劳而获或轻易得到的东西通常都不加珍惜。

4. 在实际做出让步之前，不向对方透露相关内容

经验丰富的谈判人员在决定让步以前，是不会向对方透露让步的具体内容的。在需要做让步的时候并不清楚地说出来，而只为以后的让步露出风声，以期对方做出相应的承诺，这时惯用的说法是"好吧，让我们暂时把这个问题放一放。我想这个问题过些时候若要解决是不会太困难的。"

5. 灵活选择让步的具体时间

让步的具体时间可以提前也可以延后，只要能满足对方的要求就行。选择的关键在于让对方能够马上就接受，没有犹豫不决的余地。

（三）让步的来源

1. 设法使对方在重要的问题上先让步，己方在较次要的问题上先做让步

但应该注意的是，该问题对己方可能是次要的，但对对方却是重大的问题，此时己方对这类次要问题不要轻易做出让步。经验证明，在重要问题上先做让步的人，一般来说都会失败。

2. 尽量做出对己方毫无损失甚至是有益的让步

这主要表现在谈判者在行为举止上迎合对方自尊的需要，使之产生满足感。例如：

（1）注意倾听对方的发言。（2）对待对方的态度温和而有礼貌。（3）尽量给对方以圆满的回答。（4）向他表明他所受到的招待是最高级的。（5）向对方保证未来交易的优待。（6）尽量重复地向对方指出这次交易将会给他完美的售后服务。（7）让自己组织中的高级主管与之谈判以抬高其身价。（8）不厌其烦地向对方指出为何根据己方的条件达成协议对他有利。（9）让对方自由地求证己方所说的一切。（10）经常说"我会考虑你方的意见"或"这件事我会考虑一下"之类的话。

这种无所谓让步会产生意想不到的效果，使对方做出实质性的让步。正如莎士比亚所说"人们满意时，会付高价钱。"这是因为许多谈判者并不计较许多非根本利益的得失，而更注意维护自己的自尊。因此，在国际商务谈判中，我们要尽量采取于己无损的让步，发挥其最大的效用。

任务三 磋商的基本策略

磋商是谈判的关键阶段,磋商过程是一个讨价还价的过程。在磋商过程中,谈判双方围绕各自的谈判目标,运用谈判策略与技巧来迫使对方让步,阻止对方进攻,最终在互惠基础上协调一致。

一、迫使对方让步的策略

(一)制造竞争策略

制造竞争策略是指在谈判中为了迫使对方让步,可以虚拟一种竞争态势,给对手施加压力。例如,在货物买卖中,如果卖方希望对买方施加压力,可以虚拟同时与多家买家联系,采取招标方式来选择谈判对手。如果是买方制造竞争,可以虚拟同时与多家供应商联系,选择最有利的一家先谈,并同时告诉卖方,市场上还存在一些可替代产品。

虚拟竞争者必须让对手相信,通常需要采取故布疑阵策略,发布虚假信息以假乱真。例如,故意在谈判桌上或谈判休息室内留下一些"重要"谈判文件,或者让谈判团队之外的人员采用不经意的方式透露谈判的某些"机密"。

应 对 策 略 1

当对方宣称自己与多家合作伙伴有业务往来时,你不要轻易信以为真,要相信自己的实力。同时要有心理准备,你可以选择其他合作伙伴,因为同样我也可以选择对手。你可以这样回应对手制造的竞争策略:我们很清楚贵方的实力,能与你们合作,这是我公司的荣幸。我们在同行中也是一家不错的企业,你们选择与我们合作,这说明贵方很有眼光。我们其实也收到了许多公司的合作邀请,但是考虑到贵公司的合作诚意,所以,我们首先选择与贵方进行洽谈。

(二)虚张声势策略

虚张声势策略是指谈判双方在谈判开始时都会提出一些并不期望能实现的过高要求,然后随着时间的推移,双方再通过让步逐步修正这些要求,最后在两个极端之间的某一点上达成协议。

采用虚张声势策略时,双方都可能将大量的条件放进议事日程,其中大部分是虚张声势,或者是想在让步时给对方造成一种错觉,似乎自己已经做出了巨大牺牲,但实际上只不过是舍弃了一些微不足道的东西。

过分的要求并不一定表示实力强大,但却有可能动摇对方的信心,迫使其修改自己的期望,降低自己的目标和要求。

应 对 策 略 2

谈判桌上永远不要相信首次报价,应根据己方掌握的情报信息,认真分析对方提出的要求,巧妙揭露对方虚报的价格和条件,挤掉水分;坚定己方最初的目标,咬定青山不放松,认真估算对方让步带给己方的利益和己方让步给对方带去的利益;要坚持"让步"交换，即在获得对方让步前，绝不轻易再次让步。

（三）红脸-白脸策略

红脸-白脸策略是指在谈判中一方有谈判代表提出苛刻的条件和要求，给对方施加压力；而当气氛变得紧张时，又有谈判代表做出让步，给对方台阶，以获得对方更大的让步作为回报。这样软硬兼施，一人唱红脸，一人唱白脸。

例如，在索赔项目谈判中可由财务谈判人员唱红脸，计算损失及分析损失对于企业造成的损害，向对方提出较大数额的赔偿，一点都不能松动；甚至语气强硬，表示如果对方不赔，己方可能诉诸法律，同时取消合同等强硬态度，让对方感到压力。但谈判还要继续，这时主谈可以用稍为平和的语气来缓和紧张气氛，让对方感到，只要做出适当让步，还是有希望挽回合作的。这时，主谈可以这样说："我相信我们双方都不愿意走到这一步。基于以往友好的合作关系，以及未来合作的美好前景，我们可以考虑共同承担这次损失。但是毕竟你方违反了合同，延期交货是事实。虽然遇到了不可抗力，从某些方面可以部分免责，但这次损失实在太大了，希望双方按责任大小共同分摊损失。"财务谈判代表唱的是红脸，而主谈唱的则是白脸。

应对策略 3

当有人对你使用红脸-白脸策略时，不妨尝试使用以下策略进行应对。

1. 识破对方策略

虽然应对红脸-白脸策略的方法不止这一种，但很可能你只知道这一条就够了。你一旦指出对方的把戏，他就会觉得非常尴尬。当对方使用红脸-白脸策略时，不妨微笑着告诉对方"哦，你不是在和我玩红脸-白脸游戏吧？好了，坐下吧，别玩了。"通常情况下，对方由于尴尬就立刻停止了。

2. 你也可以制造自己一方的红脸

例如，你可以告诉对方你也想满足他们的要求，可问题是，你也需要对自己的上司负责。除了谈判桌上的红脸，你还可以虚构一些比谈判桌上的红脸更加强硬的红脸。

3. 先发制人

你不妨在谈判一开始就直接告诉对方"我知道你是来扮演红脸的，但我建议你不要这样做。我想我们都想解决眼前的问题，为什么不想办法找到一种双赢的方案呢？"通过这种方式你可以达到先发制人的目的。

（四）吹毛求疵策略

吹毛求疵策略是指一种先用苛刻的虚假条件使对方产生疑虑、压抑或无望等心态，以大幅降低对手的期望值，然后再在实际谈判中逐步给予优惠或让步。由于双方的心理得到了满足，便会做出相应的让步。该策略由于先用"苦"降低了对方的期望，再用"甜"满足了对方的心理需要，因而很容易实现谈判目标，使对方满意地签订合同，己方也可从中获得较大利益。

（五）攻心夺气策略

攻心夺气策略是指谈判一方采用某种言行使对方心理产生舒服感或感情发生软化，以使对方妥协退让的一种策略。攻心夺气策略的表现方式分两种极端：一种极端是愤怒，在谈判桌上抓住对方的说话漏洞或某些不妥行为，大发脾气，让对方感到手足无措，给对方造成巨大的心理压力，特别当对手是新手或软弱型谈判者时更为奏效；另一种极端是示弱，让对方产生同情心理，然后做出较大让步。但是，无论是采取发脾气给对方制造压力，还是采取示弱方式让对方产生同情，这都不是一种原则型谈判方式。这种策略一旦被对手识破，很难奏效，因此并非长期合作策略。

（六）得寸进尺策略

得寸进尺策略是指一方在争取对方一定让步的基础上，再继续进攻，提出更多的要求，以争取己方利益。这种策略的核心是：一点一点地要求，积少成多，以达到自己的目的。运用这种策略存在一定的冒险性，如果一方压得太紧，要求太高，就有可能激怒对方，使其固守原价，甚至加价，以进行报复，从而使谈判陷入僵局。

这种策略主要适用于以下情况：一是对于出价低的一方，有较明显的议价优势；二是进行科学估算，确信对方出价的水分较多；三是知道一些不需要的服务费用被包括在价格之中；四是掌握市场行情，即在某一商品行情疲软的情况下，可采取这种策略。

（七）最后期限策略

最后期限策略是指在谈判过程中，规定谈判结束的最后时间节点。这一策略可以有效地督促双方的谈判人员集中精力抓住成交时机，及时促成交易。在谈判过程中我们发现，双方所做出80%的让步都是在最后20%的谈判时间里完成的。因此，利用时间压力可以让人们更容易做出让步。

为什么会出现这种情况呢？因为在通常情况下，当一场谈判拖延太久时，你的潜意识会冲你发出尖叫"你在这次谈判上花了这么多时间，千万不要就这样空着手回去。一定要谈出点什么结果！"所以每次遇到这种情况，你都可能做出一些新的让步。最后期限提出时，开始并不能引起对方的关注。但是随着这个期限的逐渐迫近，加之提出期限一方的不断暗示和表明立场，对方内心的焦虑就会不断增加。如果对方对成交抱有很大期待，并且大部分议题已经完成，最后期限策略的使用可以促使对方加大让步，及时签约。

因此，在谈判过程中，对于某些双方一时难以达成妥协的棘手问题，不要操之过急，需要善于运用最后期限的力量，规定谈判的截止日期，向对方展开心理攻势。必要时，我方还可以做出一些小的让步，给对方造成"机不可失，时不再来"的感觉，以此说服对方，达到我方的目的。

应对策略 4

优势谈判高手知道，无论谈判进行到何种地步，你都应该把自己已经投入的时间成本和金钱看成沉没成本，应当完全忽视它们。无论你们是否达成协议，你所投入的时间和金钱都无法收回。所以一定要冷静地审查眼前的谈判条款，要反复告诫自己："我应该忘掉自己已经投入的时间和金钱，重新开始谈判！"如果你感觉自己很难接受对方提出的条件，一定要立刻停止，千万不要犹豫。记住，一定不要因为那些已经投入的时间和金钱而做出让步，因为你将失去的可能会比你已经投入的更多。

（八）投石问路策略

1. 基本做法

提出一组交易的假设条件，向对方进行询价。如"假如交易数量加倍（或减半），你方的开价是多少？"，"假如买下成套设备（或仅买其中某种产品）你方开多少价？"，"假如换一种交易方式或条件（如档次、包装、分期付款、交货时间等），那么价格如何？"。

2. 目的

通过迂回的方式，试探对方的价格目标，从而使己方在要价中做到心中有数，在交锋中做到攻防有度。

3. 操作要点

提问要多，且要做到虚虚实实，煞有介事，要让对方难于摸清你的真实意图。

4. 利弊与适用范围

有可能摸清对方的价格目标和整个交易的大致轮廓。但可能使双方陷入"捉迷藏"，进而使问题复杂化。此技巧一般是在市场价格行情不稳定、无把握，或是对对方不大了解的情形下使用。

5. 应对方法

要求对方确定交易数量，然后再回答问题；只做简单必要的回答问题，且要做到虚虚实实，让对方难于判断出己方的价格目标；向对方进行反提问，或提出与对方问题不相干或相左的问题，或直截了当地向对方询问他交易的真实需要及其期望的交易条件。

同步案例 5 - 2

商务谈判磋商之投石问路

有一次某外商想购买我国的香料油与我方进行谈判。在谈判过程中，外商出价每公斤 40 美元，但我方并不了解对方的真实价码。为了试探对方的真实程度，我方代表采用投石问路的方法，开口便要每公斤 48 美元。

动画视频：商务谈判
磋商之投石问路

对方一听我方的要价，急得连连摇头说"不、不，这要价太昂贵了，你们怎么能指望我方出 45 美元以上的价钱来购买呢？"对方在不经意的情况下，将底露给了我方。

我方代表抓住机会，立即反问一句"这么说，你们是愿意以每公斤 45 美元的价格成交啦？"

外商只得勉强说"可以考虑。"通过双方的进一步洽谈，结果以每公斤 45 美元的价格成交。这个结果比我方原定的成交价要高出数美元。

（九）抛砖引玉策略

1. 基本做法

在对方询价时，己方不开价，而是举一两个近期达成交易的案例（己方与别的商家的交易，或是市场上的），给出其成交价，进行价格暗示，反过来提请对方出价。

2. 目的

将先出价的"球"踢回给对方，为己方争取好价格。

3. 操作要点

所举案例的成交价要有利于己方，成交案例与本交易要具有可比性，且需有证明材料。

4. 利弊与适用范围

可获得后出价的好处，引导价格向有利于己方目标的上限定位。但若提供的成交案例经不起推敲，则己方就具有欺诈之嫌，从而使己方处于不利的谈判地位。此技巧一般是在己方不愿意先出价，而对方又期望己方先出价的情形下使用。

5. 应对方法

找出成交案例的漏洞（不真实性）或不可比性，坚持要对方先出价。

（十）先造势后还价策略

1. 基本做法

在对方开价后不急于还价，而是指出市场行情的变化态势（涨价或降价及其原因），或是强调己方的实力与优势（或是明示或暗示对方的弱势），构筑与突出有利于己方的形势，然后再提出己方的要价。

2. 目的

给对方造成客观存在的心理压力，从而使其松动价格立场，并作出让步。

3. 操作要点

造势要有客观事实依据，表达的语气要肯定，还价的态度要坚决。另外，需根据需要，灵活掌握造势的尺度。

4. 利弊与适用范围

可以在气势上压制对方，从而使己方获得有利的要价地位。但有可能吓跑对方，或是使对方产生抵触情绪，从而招致对方的顽强反击，使谈判步履维艰或是不欢而散。此技巧一般是在对方有求于与己方达成交易，且市场行情明显有利于己方，或己方优势突出的情形下使用。

5. 应对方法

不为对方的气势所吓倒，尽力去寻找形势的有利方面和对方的弱点，且紧紧抓住不放地去反击对方，化解对方的优势，坚持己方的开价，或做小的让步后，再坚持强硬立场。

（十一）斤斤计较策略

1. 基本做法

叠加各种理由，要求对方在各方面做出相应的让步，以求积小胜为大胜。

2. 目的

积少成多，使己方具有要价的充分理由；降低对方的要价期望，实现己方利益的最大化；同时也是向对方显示己方精打细算的姿态，使对方不敢轻易施用骗术。

3. 操作要点

事前需充分挖掘有利于己方要价的各种理由和事实根据，还价中需仔细分析与详尽阐述，并努力做到无懈可击；还价的态度与立场要坚定。

4. 利弊与适用范围

有可能实现己方利益的最大化，但过分计较会使人厌恶与你做交易，从而失去合作的基础，使整笔交易泡汤，另外将会导致谈判复杂化，进程缓慢。此技巧一般是在对方期望与己方达成协议，而己方某些方面又处于劣势；或是对方攻势咄咄逼人，或是为了反制对方使用本技巧的情形下使用。

5. 应对方法

寻找并抓住对方的一两个破绽，全盘或大部分地否定对方的要价理由；对对方进行"教育"，指出过分计较不利于合作；向对方学习，也斤斤计较，使对方感到难受。

同步案例 5 - 3

商务谈判磋商之斤斤计较

我国的一个电子厂家同某国公司进行引进家用电器生产线的谈判。开始，外方欺负我方不掌握市场行情，一开始就漫天要价，我方代表见此情况则立即改变策略，只字不谈价格问题，而是对该生产线展开了一场毁灭性的攻击，不断对其吹毛求疵，声称该生产线生产的产品有质量问题，该生产线的功能不尽如人意，产品的样式不够先进，等等。对方立即针对这些问题逐一予以解释和说明，双方你来我往争论不休，这样几个回合下来，我方突然提出价格条件，并表示不接受我们的价格条件就转向别国购买同类产品，该公司因一下没有准备，被打了个措手不及，于是只好接受我方的条件。我方谈判者终于如愿以偿。

（十二）步步为营策略

1. 基本做法

首先大幅地还价（杀价或起价），然后再一步一步地缓慢退让，最后实现己方的价格目标。

2. 目的

为己方的还价留出足够的空间；降低对方的要价期望；积极防御对方的价格攻势；为己方争取更大的利益。

3. 操作要点

还价要狠，退让要小而缓；要使对方感到己方的每一次让步都是做出了重大牺牲，一般情况下，己方做出一次让步后，需坚持要对方也做出一次对等（或是较大）的让步，然后己方才有可能做出新一轮的让步。

4. 利弊与适用范围

可以把握还价的主动权，减弱对方的价格攻势，并为其他议题的讨价还价争取到筹码，从而获取到最大的整体利益。但会使谈判时日加长，效率低下。此技巧一般是在谈判时间充裕，议题较少，或是各项议题的谈判均比较艰难的情形下使用。

5. 应对方法

坚持己方的要价与让步策略和行动计划，不跟随对方的步调行事，不做对等让步，坚持要求对方做出大的让步，己方其后才做出让步；用其他技巧，如最后出价、最后通牒、不开先例等来打乱对方的步调。

二、阻止对方进攻的策略

谈判是一场博弈，有进攻就有防守。第一部分讨论了迫使对方让步的策略，下面主要讨论阻止对方进攻的策略。阻止对方进攻的策略很多，这里重点讨论极限策略、疲劳策略和先例控制策略。

（一）极限策略

极限策略是指谈判代表在谈判中能够自行决定的范围受到领导授权、企业政策规定和财政预算等条件的限制，当对方向己方提出的要求超越极限范围时，可以此为由阻止对方进攻的一种策略。极限策略包括权力极限策略、政策极限策略和财政极限策略。

1. 权力极限策略

权力极限策略是指利用控制己方谈判人员的权力来限制对方的自由，防止其进攻的一种策略。权力极限策略实质上是阻止对方进攻的坚固盾牌。权力有限恰恰意味着力量无限。例如，如果你告诉对方"我没有权力批准这笔费用，只有董事长能够批准。但目前他正在非洲进行为期一个月的丛林探险活动，无法与他取得联系"。那么，对方立刻会意识到，在这一事项上要求做出让步是绝无可能的。当然，这种策略只能在少数几个关键时刻运用，因为使用过多，对方会认为你缺乏诚意，或者认为你没有谈判的资格而拒绝与你进一步磋商。

2. 政策极限策略

政策极限策略是指以己方企业在政策方面的有关规定作为无法退让的理由，阻止对方进攻的一种策略。这种策略与权力极限策略的目的一样，只不过用于限制对方行动自由的不是权力，而是本企业的政策规定。例如，你可以这样告诉对方"我们公司财务制度规定货到付款，付款期限是一周之内。你们提出货到后一个月内付款的要求，这不符合本公司的财务政策。"

3. 财政极限策略

财政极限策略是指利用己方财政预算所设置的限制，向对方施加压力，达到阻止对方进攻的一种策略。例如，你可以这样告诉对方"我们很喜欢你们公司的产品，也非常感谢你们提供的合作条件，但价格太高，总金额确实大大超出了本公司预算，采购方案无法通过。"

（二）疲劳策略

疲劳策略是指通过采取拖延时间，频繁变换主谈，在谈判前和谈判中安排各种活动，使对方谈判代表产生疲劳感，甚至产生厌倦和急躁心理，从而达到预定目标的策略。这种策略主要适用于以下两类谈判对手。

一是遇到那些十分自信、居高临下、先声夺人的谈判对手时，使用疲劳战术可消耗其精力，挫伤其锐气，从而扭转己方在谈判中的不利地位和被动局面。等到对手筋疲力尽、头昏脑涨之时，己方即可反守为攻，迫使对方接受己方的条件。

二是遇到那些谈判风格非常干练、性格急躁、不喜欢拖沓和没有耐心的谈判对手时，可以通过安排各种活动或安排谈判桌外的频繁拜会、宴请等来消耗其精力和时间，使谈判时间拖延，导致对方失去耐心。

研究结果显示，当一个人的精力、体力受到过度干扰之后，其智慧和灵感就处于相对抑制的状态，这时最容易麻痹大意，不仔细思考，以致轻率地做出决定，有时甚至会因为精力不济而泄露机密，铸成大错。

当然，采取疲劳战术也要适当。首先，要有思想准备，在对方盛气凌人时要采取回避、周旋策略，不要硬碰硬。其次，当己方在谈判桌上占了上风时，不要趾高气扬，而应采取柔中有刚的态度。安排各种活动时，要让对方感到盛情难却，并且安排的活动很有意义，以使对方心甘情愿地参与，而不会让对方产生厌烦情绪。

（三）先例控制策略

先例是指过去已有的事例。引用先例处理同类事物，不仅可以为我们节省大量的时间和精力，缩短决策过程，还会在一定程度上给我们带来安全感。在商务谈判中，谈判的一方常常引用对其有利的先例来约束另一方，迫使其做出对己不利的让步。这就是先例控制策略的应用。在这种情况下，谈判者必须采取一些控制措施，以遏制对方的进攻。

在谈判中，先例控制策略的使用一般采取两种形式：一是引用以前与同一个对手谈判时的例子，如"以前我们与你谈的都是 3 年租赁协定，为什么现在要提出 5 年呢？"；二是引用与他人谈判的例子，如"既然本行业的其他厂商都决定增加 20%，你提出的 10% 太低了。

应对策略 5

应用先例控制策略的目的，在于消除对方欲强加给己方的种种限制，从而保护己方的合理利益。当对方使用该策略时，己方应该向对方说明，他引用的先例是一种与目前谈判无任何关系的模式。因为环境或者某些条件的变化，已经使以往的模式变得不再适用。你还可以告诉对方"如果答应了你的要求，对我们来说等于又开了一个先例。今后我方对其他客商就必须提供同样的优惠，这是我方无法负担的。"

三、综合性策略

谈判磋商的过程是复杂的，进攻和防守并没有明确的边界，有时需要同时运用多种综合性策略与对手周旋才能达到预期谈判目标。以下介绍几种常用的综合性策略。

（一）声东击西策略

声东击西策略是指在谈判中，一方出于某种需要而有意识地将会谈的议题引导到对己方并不重要的问题上，借以分散对方的注意力，达到己方目的。在谈判的过程中，只有更好地隐藏己方的真正利益，才能更好地实现谈判目标。

例如，我方关心的问题是货款的支付方式，而对方的兴趣可能在货物的价格上。如果运用声东击西策略，可力求把双方注意的问题引导到订货数量和包装运输上，借以分散对方对前述两个问题的注意力，为以后的真正会谈铺平道路。采取声东击西策略可摸清对方的虚实，排除正式谈判可能遇到的干扰。例如，把某一议题的讨论暂时搁置起来，以便抽出时间对有关的问题做更深入的了解，探知更多信息。再如，当发现对方有中断谈判的意图时，可运用声东击西策略，做出某种让步姿态作为缓兵之计，以便延缓对方所要采取的行动。

（二）走马换将策略

走马换将策略是指在谈判桌上的一方遇到关键性问题或与对方有无法解决的分歧时，借口自己不能决定或其他理由，转由他人继续进行谈判。这里的他人是事先准备好的公司领导或者同伴、合伙人、委托人等。目的是通过更换谈判代表，侦探对手的虚实，耗费对手的精力，削弱对手的议价能力，为自己留有回旋余地，进退有序，从而掌握谈判的主动权。

更换谈判代表后，作为谈判的对方需要不断向使用走马换将策略的另一方陈述情况，阐明观点，面对更换的新的谈判对手，需要重新开始谈判。这样会付出加倍精力、体力和投资，时间一长，难免出现漏洞和差错。而这正是运用此策略一方所期望的结果。

走马换将策略的另一个特点是能够补救己方的失误。如果前面的主谈人在谈判时有一些遗漏和失误，或谈判效果不尽如人意，这时可由更换的主谈采取补救措施，并顺势抓住对方的漏洞发起进攻，最终获得更好的谈判结果。

（三）欲擒故纵策略

欲擒故纵策略是指对于志在必得的交易谈判，故意通过各种措施，让对方感到自己是一种满不在乎的态度，从而压制对手的开价，确保己方在预想条件下成交的做法。采取这一策略的具体做法是：注意自己的态度应保持在不冷不热、不紧不慢的状态；在日程安排上，不是非常紧迫；在对方态度强硬时，让其表现，不慌不忙，不给对方以回应，让对方摸不清头脑。通过"纵"即放松来激起对方迫切成交的欲望而降低其谈判的筹码，以达到"擒"的目的。

对于欲擒故纵策略的运用必须注意以下几点。

1. 要给对方以希望

谈判中表现若即若离时，都应该有适当的借口，不让对方轻易得到，也不能让对方轻易放弃。只有这样，当对方再一次得到机会时，就会加倍珍惜。

2. 要给对方以礼节

注意言谈举止，不要有羞辱对方的行为，避免从情感上伤害对方；遇到谈判僵局时，要适当转移矛盾焦点。

3. 要给对方以诱饵

要使对方觉得确实能从谈判中得到实惠，这种实惠足以把对方重新拉回到谈判桌上，而不致让对手一"纵"即逝，使谈判彻底破裂。

（四）开诚布公策略

开诚布公策略是指谈判人员在谈判过程中，均持诚恳、坦率的合作态度向对方吐露己方的真实思想和观点，客观地介绍己方情况，提出要求，以促使对方进行合作，使双方能够在坦诚、友好的气氛中达成协议。然而，开诚布公并不意味着己方将自己的所有情况都毫无保留地暴露给对方，因为百分之百地"开放"自己是不可能的，也是不现实的，如何采用这一策略，要视具体情况而定。

1. 此策略并不是在任何谈判中均适用

适用这一策略的前提是双方必须都对谈判抱有诚意，都视对方为己方的唯一谈判对象，不能进行多角谈判。

注意在什么时机运用此策略。通常应在谈判的探测阶段结束或报价阶段开始时使用这种策略。因为在此阶段，对方立场、观点、态度、风格等各方面情况，我方已有所掌握和了解，双方都处于诚恳、坦率而友好的谈判气氛中，这时我方提出要求，坦露观点，应是较为行之有效的。

2. 此策略应针对双方洽商的内容

运用这一策略，应针对双方洽商的具体内容进行相关介绍，不要什么问题都涉及。如果你在某一方面有困难，就应针对这一方面进行侧重介绍，使对方了解你在这方面的难处以及解决方案。因为这样容易唤起对方的共鸣，认为你很有诚意。但同时也应使对方感到，只要双方通力合作，才能战胜困难，并使之受益。

（五）以退为进策略

以退为进策略的具体做法是：首先，要替己方留下讨价还价的余地，如果己方是卖方，报价要高些；如果己方是买方，还价应低些。但无论何种情况，报价务必在合理的范围之内。其次，不要急于袒露己方的要求，应诱导对方先发表其观点和要求，待机而动。再次，让步要有技巧，可以先在较小的问题上让步，让对方在重要的问题上让步；让步不要太快，因为对方等得愈久，就会愈珍惜。最后，在谈判中遇到棘手问题时，应表示出愿意考虑对方的要求，使对方在感情上有被接受的感觉。

经典阅读

谈判策略15条

1. 带一点狂

审时度势，必要时可以提高嗓门，逼视对方，甚至跺脚，表现一点威胁的情绪，以显示自己的决心，使对手气馁。

2. 给自己留一定的余地

提出比自己的预期目标更高一些的要求，这样就等于给自己妥协时留下了一些余地。目标定得高，收获便可能更多。

3. 装点小气

在谈判中，让步要缓，而且还要显得非常勉强，要争取用最小的让步换取对自己最有利的条件。

4. 权力有限

不要以"大权在握"的口吻去谈判，而要经常说："如果我能做主话……"要告诉对方，自己还不能做最后的决定，或者说自己的最后决定权有限。这样，才能更有回旋余地，使自己有推后思考的时间和摸清对方底牌的时间。

5. 不要轻易亮出底牌

对手对于自己的动机、权限以及最后期限知道得越少越好，而自己在这方面应对对方的情况知道得越多越好。

6. 运用竞争的力量

即使卖主认为他提供的是独门生意，也不妨告诉对方，自己还有买新产品或买二手货的渠道。要显示自己还可以在买或不买、要或不要之间做选择，以造成一种竞争的态势。

7. 伺机喊"暂定"

如果谈判陷入僵局，不妨及时喊"暂定"，告诉对方：自己要找合伙人、老板或专家磋商。这就既可以使对方有时间重新考虑其立场，又可以使自己有机会研究对策，或以一点小的让步重回谈判桌旁。

8. 不要急于成交

除非自己的准备工作十分充分，而对方却毫无准备，或者自己握有百分之百的主动权，否则，不必也不能不假思索地就亮出自己的底牌。要留有足够的时间让自己充分考虑谈判的各个细节。

9. 改变方法，出其不意

有时要突然改变方法、论点或步骤，使对方措手不及，以致陷入混乱而做出让步。例如，改变说话的声调、语气、表情，乃至突然表示生气等，都可能使对方改变立场和态度。

10. 盛气凌人

有时可以威逼对方，看对方如何反应。这一策略的使用具有一定的冒险性，但有时却很生效，可以迫使对方接受修改后的合同或重新开始谈判。

11. 间接求助战略

可以说"我真的喜欢你的产品，也真的有此需要，可惜我没有能力负担。"这样可以满足对方自负的心理，因而让步。

12. 小利也争

小利也是利，有时一个小利就是几千元或几万元，因而也值得争取。

13. 要有耐心和韧性

不要期望对方立即接受你的新构思。在谈判中多一些坚持和忍耐，对方或许最终会接纳你的意见。

14. 不要逼得对方走投无路

成功的谈判是能使双方都有好处，双方都能愉快地离开谈判桌的谈判。谈判的原则是：不应该有哪一方是失败者，而应该双方都是胜利者。这就是所谓的"双赢"。

15. 谈判需要完整记录

谈判需要完整地进行记录，而且记录要正确无误。会谈结束后，双方必须对记录予以认同并签字确认。

任务四　磋商的基本技巧

一、先苦后甜

（一）基本做法

在首次报价和首次还价中，卖方报出最高可行价（市场上，相同商品以往达成交易的最高价），或是超出最高可行价报价，买方报出最低可行价（市场上，相同商品以往达成交易的最低价），或是低出最低可行价报价，两者均离己方的成交价格目标下限有相当大的距离。即先报高价（或低价），以后再步步为营地让价，或是通过给予各种优惠待遇，如数量折扣、价格折扣、佣金和支付条件上的优惠来逐步软化和接近对方的立场与条件，最终达到成交的目的。

（二）目的

树立强硬的价格形象，对于不了解行情的对手，也许在获得己方的一两次让步后，就不会再进取，从而使己方获得较丰厚的利益；在价格议题的多次让步，可为己方在其他议题的索取取得筹码；留出让步的足够空间，可保证己方价格目标利益不至于过损；己方的适度让步和给予一定的优惠待遇，可使对方获得成就感、获胜感或是双赢感，从而软化其在别项议题（尤其是己方的原则议题）上的立场。

（三）操作要点

报价和还价的价位不能太偏离实际；报价和还价要有说辞和一些证明材料；报价和还价的表达要自信、明确与坚定；让价要步步为营，一次让价的幅度不可过大，退让的速度不宜过快，次数不宜过频，一般情况下需要在对方做出一定的让步后，己方才可做出新一轮的让步。此外，给予对方的优惠待遇要适度。

（四）利弊与适用范围

可为己方留出回旋的空间，赢得换取他项议题利益的筹码，并营造出合作与双赢的氛围，有时可能会获得意想不到的利益。但谈判的进程慢，效率低。此技巧一般是在对方对市场行情不太了解，或交易价格不易把握，或谈判时间充裕的情形下使用。

（五）应对方法

要求对方出示报价或还价的依据，或者己方出示报价或还价的依据；不为对方的让价和优惠待遇所打动，坚持合理的要价。

二、先甜后苦

（一）基本做法

作为卖方，对交易基本内容报出低价，或是成套设备中的主要设备报出低价或平价，或是报出系列产品中的低档次产品的价格（低价）首先引起对方的兴趣，给予对方一定的甜头，从而使对方内心欣喜地专注于与己方交易。然而，这种低价格的交易内容一般很难全部满足对方的需要，因此对方必然会主动提出增加交易内容，或提高交易产品档次的要求。这时，己方再根据增加的交易内容逐项加价（往往是高价），或是对提高档次的产品提出高价，从而使最终的整个要价高出正常交易情况下的价格。

（二）目的

吸引住买方，使其坐下来并坐稳与己方交易，再用障眼法去从中获取高的卖价和利益。

（三）操作要点

与对方的交际要热情，态度要显得诚恳；对低价位交易内容需给出己方的坚定承诺以使对方尝到甜头，而不轻易地退出谈判；报高价时，立场要坚定，态度要自信，当然所要的高价也需保持一定的弹性，可做适度的让步。

（四）利弊与适用范围

可吸引住买方，并可能会为己方争取到较大的利益。但若被对方识破，就将给人留下虚伪、狡诈的不良形象，而使其处处谨慎行事，从而给己方后面谈判中的技巧施展带来困难。此技巧一般是在交易内容较多，或是成套设备交易，或是对方谈判水平不高，对市场行情不大了解的情形下使用。

（五）应对方法

把对方的报价内容与其他客商（卖主）的报价内容一一进行比较和计算，并直截了当地提出异议；不为对方的小利所迷惑，自己报出一个一揽子交易的价格。

三、数字陷阱

（一）基本做法

谈判者在谈判中涉及的数据上做文章，真真假假，虚虚实实，诱使对方陷入圈套。如卖方抛出由他制作的商品成本构成分类计算表给买方，用以支持己方总要价的合理性。而买方在紧张的谈判中，往往难以对复杂的数据做详细的计算和论证，也难以马上对其真实含义做出正确的判断，因此错误在所难免。

同步案例 5 - 4

价格敏感的重要性

某种商品，你要求对方每 500 克降价 1 角钱出售，而对方爽快地答应你每吨降价 100 元。如果不经过仔细地计算，还真的会以为自己得了便宜，实际上你会失望地发现，每 500 克只降价 5 分钱，离期望值还有一段距离。

（二）目的

在分类成本中"掺水分"，以加大总成本，为己方的要高价提供证明与依据。

（三）操作要点

成本计算方法要有利于己方；成本分类要细化，数据要多，计算公式要尽可能繁杂，水分要掺在计算复杂的成本项中，水分要掺得适度。一句话，就是要使对方难以核算清楚总成本，难于发现"水分"所在，从而落入己方设计好的"陷阱"，接受己方的要价。

（四）利弊与适用范围

有可能为己方谋取到较大利益，击退或是迟滞对方的强大攻势。但是，若成本分类计算表被对方找出明显错误，则己方就将处于被动局面；易使谈判复杂化，进程缓慢。此技巧一般是在商品交易内容多，成本构成复杂，成本计算方法少有统一标准，或是对方攻势太盛的情形下使用。

（五）应对方法

尽可能弄清与所交易的商品有关的成本计算统一标准、规则与惯例；选择几项分类成本进行核算，寻找突破口，一旦发现问题，就借机大举发动攻势；寻找有力的理由，拒绝接受对方抛出的成本计算表，坚持己方原有的立场与要价。

四、巧设参照系

（一）基本做法

向对方抛出有利于己方的多个商家同类商品交易的报价单，设立一个价格参照系，然后将所交易的商品与这些商家的同类商品在性能、质量、服务与其他交易条件等方面做出有利于己方的比较，并以此作为己方要价的依据。

（二）目的

通过设立有利于己方的价格参照系和相关的优势或劣势比较，为己方要价提供有力的证据，同时也是为抵御对方的价格进攻树立一道屏障，为己方争取较大的利益。

（三）操作要点

要精选其他商家的报价单，以确保己方具有比价优势；要尽可能为己方所抛出的报价单准备证明其真实性的材料；需仔细分析本交易内容、条件和报价与同类交易及其报价的可比性，事先拟定好应对对方挑漏洞的方案；在比较中，作为卖方应突出己方提供的商品在性能、质量、服务与其他交易条件等某一或几个方面的优势，同时淡化劣势；而作为买方，则要尽可能多地挑出卖方提供的商品在性能、质量、服务与其他交易条件等与别的商家相比所存在的劣势，同时淡化其优势。

（四）利弊与适用范围

可使己方的要价具有充分的理由，可以先制止对方的价格进攻，有可能为己方谋取到较大利益。但实施耗时间与精力，若操作不当，则容易被对方抓住漏洞，反而使己方处于不利地位。此技巧一般是在存在众多同类商品交易，己方谈判实力与地位处于弱势，或己方的商品或交易条件有某一（些）明显优势的情形下使用。

（五）应对方法

要求对方提供有关证据，证实其所提供的其他商家的报价单的真实性；仔细查找报价单及其证据的漏洞，如性能、规格型号、质量档次、报价时间和其他交易条件的差异与不可比性，并以此作为突破对方设立的价格参照系屏障的切入点；己方也抛出有利于自己的另外一些商家的报价单，并做相应的比较，以其人之道还治其人之身；找出对方价格参照系的一个漏洞，并予以全盘否定，坚持己方的要价。

任务五　僵局处理策略与技巧

在谈判过程中，如果谈判双方的期望相差太大，而彼此又都不肯做出任何让步或妥协，此时谈判就会陷入僵局。这种局面是谈判双方都不愿意面对的。因为僵局是一股巨大的压力，许多谈判者往往因为承受不了这种压力而变得焦虑不安，常常章法大乱，以过大、过快地让步，企图排除这种压力。而事实上让步的一方往往招致损失，有悖初衷。因此，在商务谈判过程中，一方面要尽可能避免谈判僵局的出现，另一方面一旦发现谈判双方已经处于谈判僵局状态，又要针对僵局的类型和起因采取相应的措施来打破僵局，以使谈判能够顺利进行。

一、僵局起因

（一）僵局产生的根本原因

谈判双方的利益对立是产生僵局的根本原因。从表面上看导致谈判产生僵局的原因很多，情况也很复杂。但是，必须看到谈判僵局出现的深层次原因是谈判双方存在利益上的对立。如果看不到这一点，仅仅认为僵局的出现是礼仪、语言上的问题，则未免失之肤浅。贯穿于谈判始终的，是谈判利益这条主线。谁认识不到这一点，就找不到解决谈判中冲突和僵局的钥匙。这并非说谈判双方利益的对立就使僵局无法化解而成为"死结"。还必须看到，这种利益上的对立，多数是局部的。而从整个谈判的全局来看，成功的谈判或谈判的成功，才能满足双方最大的需要。因此，利益上的对立并非是根本利害冲突。看到这一点，谈判者的才智、谋略和技巧才是处理谈判僵局的关键。

（二）僵局产生的具体原因

具体而言，僵局产生的原因有以下几个方面：

1. 施加压力

谈判一方由于实力强大，故意制造僵局来给对方施加压力。在这种情况下，僵局作为一种策略来使用，目的是迫使对方就范。

2. 观点的争执

在讨价还价的谈判过程中，谈判双方因意见分歧，各执己见，必然会引起争执和冲突；当争执和冲突激化，互不相让时，便会出现僵局。

3. 谈判双方用语不当

谈判双方用语不当造成感情上的强烈对立，双方都感到自己受到伤害，因而不肯做丝毫的让步，谈判便会陷入僵局。

4. 谈判中形成一言堂

谈判中的任何一方，不管出自何种欲望，如过分地、滔滔不绝地讨论自己的观点而忽略对方的反应和陈诉机会，必然会使对方感到不满和反感，造成潜在的僵局。

5. 谈判人员素质低下

谈判人员素质的高低往往成为谈判顺利进行与否的决定性因素。无论是谈判人员工作作风方面的原因还是谈判人员知识经验、策略技巧方面的不足或失误，都可能导致谈判陷入僵局。

6. 信息沟通障碍

谈判本身是通过"讲"和"听"来进行沟通的。但由于双方信息传递失真或理解出现偏差，都极易导致僵局的出现。这种信息沟通方面的障碍，可能是口译方面的，也可能是合同文字方面等。

7. 合理要求的差距

谈判双方从各自的角度出发，双方各有自己的利益需求。当双方的要求都是合理的情况下，而且都迫切希望从这桩交易中获得所期望的利益而又不肯做进一步的让步时，僵局也就不可避免。因此，在商务谈判实践中，即使双方都表现出十分友好、真诚与积极的态度，但如果双方对各自所期望的收益存在较大差距，就难免会出现僵局。

二、对谈判僵局的正确认识

在谈判实践中，很多谈判人员害怕僵局的出现，担心由于僵局而导致谈判暂停乃至最终破裂。其实大可不必如此，谈判经验告诉我们，这种暂停乃至破裂并不绝对是坏事。因为谈判暂停，可以使双方都有机会重新审慎地回顾各自谈判的出发点，既能维护各自的合理利益又注意挖掘双方的共同利益。如果双方都逐渐认识到弥补现存的差距是值得的，并愿采取相应的措施，包括做出必要的进一步妥协，那么这样的谈判结果也真实地符合谈判原本的目的。即使出现了谈判破裂，也可以避免非理性的合作，即不能同时给双方都带来利益上的满足。有些谈判似乎形成了一胜一负的结局，实际上失败的一方往往会以各种各样的方式来弥补自己的损失，甚至以各种隐蔽方式挖对方墙脚，结果导致双方都得不偿失。所以说，谈判破裂并不总是以不欢而散而告终的。双方通过谈判即使没有成交，但彼此之间加深了了解，增进了信任，并为日后的有效合作打下了良好的基础，从这种意义看来，也并非坏事，倒可以说是在某种程度上是一件有意义的好事。因此，僵局的出现并不可怕，更重要的是要正确地对待和认识它，并且能够认真分析导致僵局的原因，以便对症下药，打破僵局，使谈判得以顺利进行。

三、突破僵局的一般策略

在谈判遇到僵局的时候要想突破僵局，不仅要分析原因，而且还要搞清分歧所在环节及其具体内容。在分清这些问题的基础上，进一步估计目前谈判所面临的形势，想办法找出造成僵局的关键问题和关键人物，然后再认真分析在谈判中受哪些因素的制约，并积极主动地做好有关疏通工作，最终形成突破僵局的策略和技巧，以便确定整体行动方案并予以实施，最终突破僵局。现将突破僵局的一般方法分述如下。

（一）采用换位思考的方式审视问题

所谓换位思考，即站在对方的立场和角度来看待问题。谈判实践表明，换位思考是谈判双方实现有效沟通的重要方式之一，这是打破僵局的好办法。

当谈判陷入僵局时，如果己方能够从对方的角度思考问题，或设法引导对方站到己方立场上来思考问题，就能够多一些彼此之间的理解。这对消除误解和分歧，找到更多的共同点，构成双方都能接受的方案，有积极的推动作用。可以肯定地说，站在对方的角度来看问题是很有效的。因为这一方面可以使自己保持心平气和，可以在谈判中以通情达理的口吻表达己方的观点；另一方面可以从对方的角度提出解决僵局的方案，这些方案有时确实是对方所忽视的，所以一经提出，就会使对方容易接受，从而使谈判能够顺利进行下去。

（二）从客观的角度来关注利益

由于谈判双方存在利益上的对立，因此在谈判过程中，谈判人员往往会片面关注己方利益。当谈判陷入僵局时，谈判人员更是容易不自觉地脱离客观实际，盲目地坚持己方的主观立场，甚至忘记了己方的出发点。因此，当谈判陷入僵局时，为了有效地克服困难，打破僵局，应特别强调从客观的角度来关注利益。

其实，在商务谈判中，必须在客观的基础上充分考虑双方潜在的利益到底是什么，而不是一味坚持己方的立场来"赢"得谈判。这样，谈判就能客观公正地关注到双方的利益，从而突破谈判僵局。

（三）扩展谈判领域，寻找替代方案

当讨价还价双方坐在一起经过若干次讨论之后，可能会发现双方之间似乎根本不存在达成协议的范围，而且由于自己声明的承诺使最终找不出一条解决问题的办法。这时，谈判双方可将争执和分歧暂时搁置，扩展谈判领域，使它包括更多更复杂的交易内容，这样谈判双方可能在不同的谈判议题上得到相应的补偿。那么一项对双方都有利的协议就有可能达成。例如，在价格问题上形成僵局，可以把这个问题暂时撇在一边，先谈交货期、付款方式等相关问题，事情可能就好商量一些。

另外，商务谈判中往往存在多种可以满足双方利益的方案，而谈判人员经常简单采取其中一种方案并固执地坚持而形成谈判僵局。其实，当谈判面临较大分歧而可能形成僵局时，谁能创造性提出可供选择方案，谁就能掌握主动。因此，谈判人员不应将思维禁锢在所谓唯一的最佳方案上，而应在谈判准备期间就构出多种可能的备选方案，使谈判一旦遇到障碍，就能及时掉转船头，顺利达到谈判目的。

（四）对对方的无理要求据理力争

如果僵局的出现是由于对方无理要求导致的，这时任何退让和妥协都是危险的，必须做出明确而坚决的反应。因为此时的退让将可能提高对方的胃口而步步紧逼致使己方承受难以弥补的损害。因此，此时必须据理力争，让对方自知观点难以成立，不可无理强争，这样可使他们清醒地权衡得与失，做出相应的让步，从而打破僵局。

同步案例 5 - 5

打破中突谈判僵局的技巧

我国与突尼斯一家公司就建设化肥厂一事进行谈判。双方已商定利用秦皇岛港的优越条件建址。不久，科威特方面也参加进来联合办化肥厂。这时，科威特石油化学工业公司的董事长坚决反对"你们前面所做的一切工作都是没用的，要从头开始。"谈判由此陷入僵局。中突双方仅编制可行性报告就耗费 20 多万美元，费时 3 个月。现在要从头来，显然是没有道理的。可是这位董事长在国际石油业中地位显赫，并在突尼斯拥有大量股票，怎么才能打破谈判僵局？

这时我方代表在权衡利害后，猛然站起，义正词严地说："我代表中国地方政府声明，

为了建设这个化肥厂，我们选定了一处挨近港口、地理位置优越的场地，也为了尊重我们的友谊，在许多合资企业表示要得到这块土地的使用权时，我们都拒绝了。如果按照董事长今天的提议，事情将要无限期地拖下去，那我们只好把这块地方让出去！对不起，我还要处理别的事情，我宣布退出谈判，下午，我等待你们的消息！"说罢离开了会场。半小时后，一位处长跑来说："真灵，你这一炮放出来，形势急转直下，那位董事长说了，要赶快请你回去，他们强烈要求迅速征用这块场地。"谈判接下来十分顺利。

当然，据理力争要讲究方式方法。采用一些机智的办法对付，往往比直接正面交锋要更有效。如采用适当的幽默性语言对对方的无理要求进行解释，可使对方不失体面地了解你的立场，从而知趣地退让，使僵局得以打破。

同步案例 5 - 6

打破僵局的"幽默"

在一次中外双方的货物买卖谈判中，双方在某一个问题上讨价还价了两个多星期，仍是相持不下。这时中方的主谈人就诙谐地说"瞧，我们双方至今还没有谈出结果，如果奥运会设立拔河比赛项目的话，我想我们肯定是并列冠军，并且可以载入吉尼斯世界纪录大全。我敢保证谁也打破不了这一纪录。"此语一出，双方都开怀大笑，先前紧张的谈判气氛顷刻缓和下来，随即双方各做让步，很快就达成了协议。

（五）休会

当谈判形成僵局时，谈判双方可能都需要一定的时间来进行思索、调整思路或者每一方的谈判人员之间需要停下来统一认识，商量对策。因此，适当的休会，不仅可以缓和剑拔弩张的气氛，也有利双方冷静而全面地审视问题，理智地做出判断，为重新谈判时打破僵局做好准备。

为了使己方的提案能引起对方的重视，在决定休会之前，可以向对方重申一下己方的提议，使对方在头脑冷静下来以后，利用休会的时间认真思考。

休会是打破僵局的一种好方法，但也有可能是谈判对手的一种拖延战术，特别是客场谈判时，应注意这个问题。

同步案例 5 - 7

休会中打破僵局

蛇口招商局负责人袁庚同美国PPC公司签订合资生产浮法玻璃的协议。谈判时，在蛇口方面知识产权费用占销售总额的比重这件事上产生了较大的分歧。美方要价是6%，而蛇口方面还价是4%。经过一番讨价还价，美方要价为5%，而蛇口方面还价是4.5%。双方都不肯再让步了，于是谈判陷入僵局。这时候蛇口招商局采取了休会策略。

休会期间，袁庚出席美方的午餐会，在应邀发表演讲时，故意将话题转向谈论中国文化上。他充满豪情地说："早在千年以前，我们民族的祖先就将四大发明——指南针、造纸术、印刷术和火药无条件地贡献给了全人类，而他们的后代子孙却从未埋怨过不要专利权是愚蠢的；恰恰相反他们盛赞祖先具有伟大的人格和远见。"一席豪情奔放的讲话，把会场的气氛激活了。

接下去，袁庚转到正题上，说道："我们招商局在同PPC集团的合作中，并不是要求你们也无条件地让出专利，不，我们只要求你们要价合理——只要价格合理，我们一分钱也不会少给！"这番话，虽然是在谈判桌外说的，却深深触动了在座的PPC集团的谈判者。回到谈判桌以后，PPC集团很快做出了让步，同意以4.75%达成协议，为期10年。蛇口的这个协议，比其他城市的同类协议开价低出了一大截。从达成的协议上不难看出，与最初的要价相对比，美方让步是1.25个百分点，而我方让步仅0.75个百分点。

（资料来源：东商网. 如何运用商务谈判中的让步原则. http://www.dginfo.com/xinwen-78859/. ）

（六）更换谈判人员

如果谈判僵局是由于双方感情上的严重对立而引起的，即对方既不同意你的观点，也不能从心理上接受你这个人，他把你所持的态度不加分析地当成恶意的或恶毒的动机，显然这种情况不能够取得创造性解决问题的气氛。如果是由于你伤害对方的自尊心而引起的，他很可能跟你敌对下去，没完没了，即使你搬出所有的逻辑、事实、观点和证据都无济于事。这时视情况需要可以考虑"换马"。这样可以缓和谈判气氛，为进一步沟通创造条件，从而促使谈判取得进展。

同步案例 5 - 8

"走马换将"战略

有一位购货经理经常使用"走马换将"这样一种战略，他向下级指示"在谈判时要提出强硬要求，决不让步，甚至不惜使谈判陷入低潮，当双方都精疲力竭，快要形成僵局时，我亲自出马交战。"经理上阵，转变气氛，乘机向对方要求较低的价格和较多的服务，那位被搞得晕头转向的卖主在这种压力下就很可能做出某些让步。

（七）改变谈判环境，利用场外交易

正式的谈判环境，容易给人带来一种严肃而一本正经的感觉。特别是谈判双方各执己见、互不相让甚至话不投机、横眉冷对时，这样的环境就更易让人产生一种压抑的、沉闷的感觉。这时，谈判的东道主一方可以组织双方谈判人员进行一些适当的娱乐活动，不知不觉改变谈判环境，使双方人员在不拘形式、融洽愉快的气氛中就某僵持的问题继续交换意见。同时，在这样一种不拘形式的气氛下，双方也可大谈一些共同感兴趣的问题，如大到时事热点、双方公司制度，小到家庭、友人、孩子，这样可以增进彼此的友谊，对问题解决起到润滑剂的作用。同时，利用场外交易也可使一些在会议桌上难以启齿的想法、意见，通过私下交谈得以沟通。

当然，任何事物都是一分为二的。利用场外交易也具有一定的危险性，这种危险在于：失去原则和分寸。谈判对手可能将场外交易作为对付你的策略。他们可能殷勤招待你，说恭维你的话，或者给你看他收到的指示。这时许多人会丧失警惕，轻易相信可能是虚假的信息，吐露商业秘密，或者在自尊心得到极大满足后变得非常慷慨大方，从而最后输得一塌糊涂。现实生活中这样的事例屡见不鲜，我们应引以为戒。

同步案例 5 - 9

环境对谈判的好处

1985年我国某化纤公司就其所引进的圆盘反应器有问题，与西德某企业进行索赔谈

判。中方提出应赔偿1 100万马克，而德方却只肯认可300万马克。在马拉松式的长久对峙之后，双方仍都不肯退让，谈判陷入了僵局，我方代表提议陪德方代表到扬州游览。

在花木扶疏、景色宜人的大明寺，我方代表向德方代表说："这里纪念的是一位为了信仰，六渡扶桑，双目失明，终于达到理想境界的高僧鉴真和尚。今天，中日两国人民都没有忘记他。你们不是常常奇怪日本人的对华投资为什么比较容易吗？那很重要的原因是日本人了解中国人的心理，知道中国人重感情、重友谊。"接着，他把话题引回来，笑着说："你我是打交道多年的朋友了，除了彼此经济上的利益外，就没有一点个人的感情吗？"一番话，说到了对方的心里，后者深受感动。

回来后，重开谈判。当德方表示自己"无法赔偿过多，我总不能赔着本干"时，我方代表一面同他算大账，一面"旧"话重提，诚恳地说："我们是老朋友了，打开天窗说亮话，你究竟能赔多少？我们是重友谊的，总不能让你被董事长敲掉了饭碗。而你也要为我们想想，中国是个穷国，我总得对这里一万多名建设者有个交代。"推心置腹之后，德方做出让步，我方也降低了要求，谈判成功了。德方代表还说："我付了钱，可我心里痛快。"

（八）当双方利益差距合理时可釜底抽薪

当谈判陷入僵局，经过仔细分析发现双方利益差距在合理限度内，对方坚持仅是想获得更多期望利益时，即可采用釜底抽薪策略。即将合作条件绝对化，明确表明自己无退路，希望对方能让步，否则情愿接受谈判破裂的结局。

运用这种方法突破僵局的前提是：双方利益差距不超过合理限度。只有这样，对方才有可能忍痛割舍部分期望利益，委曲求全，使谈判继续进行下去。如果双方利益差距太大，只靠对方单方面的努力和让步无法弥补差距时，采用这种方法，只会导致谈判破裂。因此，这种方法不能随便使用，往往是谈判陷入僵局而又实在无计可施时，将此方法当成最后一个选择，而且还必须做好谈判因此破裂的思想准备。

同步案例 5－10

"釜底抽薪"策略

在一次引进设备的谈判中，我们选择了两家外商，A公司和B公司作为可能的合作伙伴。根据两家公司报来的资料与价格，我们同两家公司分别做了初步接触，发现A公司名气较响，设备质量也较好，且报价也较高，达630万美元；B公司虽名气不及A公司，但设备质量毫不逊色，功能却要多些，报价稍便宜，为580万美元。根据各方面情况的综合考虑，我们决定把B公司的设备作为首选对象。然而，这个价格仍然偏高，谈判的关键是要它把价格降下来。

于是我们邀请B公司派代表来华洽谈，通过几轮谈判，B公司几次降价，最后报出价格为520万美元，并声明再降1美元，他就不干了。然而事实上据我们得到的情报，按照这个价格B公司可获得可观的利润，因此这个价格似乎仍高了些。因此我们在与B公司谈判的同时，也保持着与A公司的联系，这显然对B公司造成了一些压力。

这时，我们就对B公司采用了釜底抽薪的计策。我们坦率地告诉B公司谈判代表：虽然贵公司做了很大让步，但我们在该项目上顶价是500万美元，超过这一限度，我们要另向上级申请，能否批准，我们心里也没底。我们希望贵公司再做一次最后的报价，否则，我们虽然非常希望购买贵公司的设备，但看来也只能另择伙伴了。对此，我们将感到遗憾。

B 公司谈判代表虽然不太乐意，但眼看就要到手的合同有可能告吹，只得再紧急与公司本部磋商，最后终于以 497 万美元同我方达成购买设备协议。

（九）借题发挥

谈判实践表明，在一些特定的形势下，抓住对方的漏洞，小题大做，会给对方一个措手不及，这对于突破谈判僵局会起到意想不到的效果，这就是所谓的从对方的漏洞中借题发挥。

从对方的漏洞中借题发挥的做法有时被看作是一种无事生非、有伤感情的做法。然而，对于谈判对方某些人的不合作态度或试图恃强欺弱的做法，运用从对方的漏洞中借题发挥的方法做出反击，往往可以有效地使对方有所收敛。相反，不这样做反而会招致对方变本加厉地进攻，从而使己方在谈判中进一步陷入被动局面。事实上，当对方不是故意地在为难我们，而己方又不便直截了当地提出来时，采用这种旁敲侧击的做法，往往可以使对方知错就改，主动合作。

同步案例 5 - 11

"借题发挥" 策略

20 世纪 70 年代，我国从某个国家引进了三套生产合成氨化肥的大型设备，分装在南京、广州和安庆等地。安装在南京的一套，在调试运行期间，发生透平机转子叶片断裂事故。我国和卖方的透平专家对事故各有不同的解释。卖方认为是意外事故，试图以小修小补方式蒙骗过去；我国专家经过仔细的测算分析，认为是转子叶片强度不够，是设计问题；卖方应承担一切经济损失。为此买卖双方进行谈判。在谈判中，卖方主谈 A 总工程师强调他们的产品是依据世界著名的透平机械权威特劳倍尔教授的理论而进行设计的。中方主谈人是西安交大孟庆集教授，当他听到特劳倍尔这个名字时，就乘机说："我们赞同特劳倍尔教授的理论，它应当成为我们双方共同遵守的规则。"于是，孟教授根据对方带来的计算书，使用对方提供的数据以及特劳倍尔教授的公式和校核准则进行计算与论证。最后，从各个方面校核的结果证明，透平机转子叶片的强度不够。通过三天四次谈判，以我方取得完全胜利而结束谈判。因此，根据合同，对方不仅负责更改设备，而且还要承担由此造成的一切经济损失。在此事件中，孟庆集教授正是因为巧借对方的理论观点，为祖国争得了权益和荣誉。

（十）有效退让

对于谈判任何一方而言，坐到谈判桌上来的目的主要是为了成功达成协议，而绝没有抱着失败的目的前来谈判的。因此，当谈判陷入僵局时，谈判者应清醒地认识到，如果促使合作成功所带来的利益要大于坚守原有立场而让谈判破裂所带来的好处，那么有效的退让也是谈判者应该采取的潇洒的策略。

实际谈判中，达到谈判目的的途径往往是多种多样的，谈判结果所体现的利益也是多方面的。当谈判双方对某一方面的利益分割僵持不下时，往往容易轻易地使谈判破裂。其实，这实在是一种不明智的举动。因为之所以会出现这种结果，原因就在于没有掌握辩证地思考问题的方法。如果是一个成熟的谈判者，这时他应该明智地考虑在某些问题上稍做让步，而在另一些方面去争取更好的条件。比如，在引进设备的谈判中，有些谈判人员常常会因为价格上存在分歧而使谈判不欢而散，连设备的功能、交货时间、运输条件、付款方式等问题尚未来得及涉及，就匆匆地退出了谈判。事实上，作为购货的一方，有时完全可以考虑接受稍高的价格，而在购货条件方面，就有更充分的理由向对方提出更多的要求。例如，增加相关的功能，缩短交货期限，或在规定的年限内提供免费维修的同时，争取在更长的时间内免费提供易耗品，或分期付款等。这样做，比起匆匆而散的做法要经济得多。

经验表明，在商务谈判中当谈判陷入僵局时，如果对国内、国际情况有全面了解，对双方的利益所在又把握得恰当准确，那么谈判者就应以灵活的方式在某些方面采取退让的策略，去换取另外一些方面的得益，以挽回本来看来已经失败的谈判，达成双方都能够接受的协议。

综上列举了一些突破谈判僵局的策略，谈判实践中还有许多策略，在此不可能一一列举。其实有些策略是凭谈判人员自己去感知的，是难以用文字来表达清楚的。但是，不管怎样，要想突破谈判僵局，就要对僵局的前因后果做周密的研究，然后在分析比较了各种可能的选择之后，才能确定实施某种策略或几种策略的组合。其运用的成功，从根本上讲，还是要归结于谈判人员的经验、直觉、应变能力等素质因素。从这种意义上讲，僵局突破是谈判的科学性与艺术性结合的产物，在分析、研究突破谈判僵局的策略的制定方面，谈判的科学成分大一些，而在具体运用上，谈判的艺术成分大一些。

需要指出的是，在具体谈判中，最终采用何种策略应该由谈判人员根据当时当地的谈判背景与形势来决定。一种策略可以有效地运用于不同的谈判僵局之中，但一种策略在某次僵局突破中运用成功，并不一定就适用于其他同样的起因、同种形式的谈判僵局。只要僵局构成因素稍有差异，包括谈判人员的组成不同，各种策略的使用效果都有可能是迥然不同的。问题还在于谈判人员本人的谈判能力和己方的谈判实力，以及实际谈判中的个人及小组的力量发挥情况如何。相信应变能力强、谈判实力也强的一方，配以多变的策略，能够应付所有的谈判僵局。

 **素养园地**

利益为核心，踢好谈判关键时期的临门一脚
——李克强总理在第 21 次东盟与中日韩领导人会议上的精彩讲话

在 2018 年 11 月 15 日举行的第 21 次东盟与中日韩领导人会议上，李克强总理以维护多边主义和自由贸易、反对保护主义作为讲话的重要内容。

"在当前错综复杂的国际形势下，我们要以实际举措维护基于规则的多边主义和自由贸易，以实际行动发出积极信号，为市场提供稳定预期和自由化、法治化的环境。"他说，"这既是对地区发展做出的贡献，也是为地区和平稳定提供保障和基础。"李克强总理表示，在东盟轮值主席国新加坡的推动下，谈判任务完成度从上一年的不到 50% 迅速提升到今年的接近 80%。现在谈判已进入关键时期，要踢好"临门一脚"。

李克强总理的倡议得到了参会多国领导人的积极回应。日本首相安倍晋三表示，日本愿为尽早完成 RCEP 谈判做出积极贡献。韩国总统文在寅提出，要发挥"10+3"合作的中心作用，打造一个东亚共同体。

（资料来源：中国政府网，李克强与 12 国领导人共同发声：以实际行动反对保护主义．https://www.gov.cn/guowuyuan/2018-11/16/content_5341031.htm）

思考：

李克强总理在东盟与中日韩领导人会议上的讲话，体现了我国对经贸发展持什么样的态度？

素养提示：

自由贸易的繁荣发展，离不开和平环境的支撑。中国愿与东盟国家共同努力，在协商一致的基础上，争取未来 3 年完成"准则"磋商，让和平稳定的南海更好地维护多边主义、维护自由贸易。以此向国际社会发出强烈信号：维护多边主义，维护自由贸易。

同步训练

一、单选题

（1）商务谈判理想的报价方式是（　　）。

A. 书面报价　　　　　　　　　　B. 口头报价

C. 书面报价或口头报价　　　　　D. 书面报价为主，口头报价作补充

（2）吹毛求疵策略最适合在商务谈判的（　　）运用。

A. 开局阶段　　　　B. 磋商阶段　　　　C. 结束阶段　　　　D. 让步阶段

（3）体现谈判者主动满足对方需要来换取自己需要得到满足的谈判策略是（　　）。

A. 妥协策略　　　　B. 对抗策略　　　　C. 延缓策略　　　　D. 让步策略

（4）对方报价后第一次运用的讨价方式是（　　）。

A. 全面性讨价　　　B. 具体讨价

C. 分组讨价　　　　D. 逐项讨价

（5）在一方报完价之后，另一方比较讲究策略的做法是（　　）。

A. 马上还价

B. 置之不理、转移话题

C. 请对方做出价格解释

D. 亮出己方的价格条件

（6）谈判中，一方首先报价之后，另一方要求报价方改善报价的行为被称作（　　）。

A. 要价　　　　　　B. 还价　　　　　　C. 讨价　　　　　　D. 议价

（7）在下列让步模式中，如果有80元的让步空间，在下列模式中，对卖方来说，最适宜的让步模式是（　　）。

A. 0—0—0—80　　　　　　　　　B. 35—26—16—3

C. 20—20—20—20　　　　　　　　D. 45—30—0—5

（8）谈判中，还价起点的确定，从原则上讲（　　）。

A. 起点要低　　　　B. 起点要高　　　　C. 不要太低　　　　D. 不要太高

（9）决定能否打破僵局的最重要因素是（　　）。

A. 双方实力　　　　B. 市场环境　　　　C. 人员素质　　　　D. 交易条件

（10）报价起点策略是指（　　）。

A. 卖方开价要高　　　　　　　　B. 卖方开价要低

C. 卖方漫天要价　　　　　　　　D. 买方胡乱杀价

二、多选题

（1）买方还价中，在每次还价幅度已定的情况下，（　　）。

A. 当准备还价次数较多时，还价起点就要较低

B. 当准备还价次数较多时，还价起点就要较高

C. 当准备还价次数较少时，还价起点就要较高

D. 当准备还价次数较少时，还价起点就要较低

（2）商务谈判中常有的还价方法有（　　　）。

A. 暂缓还价法　　　　　　　　　B. 低价还价法

C. 列表还价法　　　　　　　　　D. 条件还价法

三、简答题

（1）商务谈判磋商的一般步骤有哪些？

（2）请举例阐述商务谈判磋商的常用策略有哪些？

（3）商务谈判磋商的让步方式有几种，分别是什么？

（4）商务谈判磋商中僵局产生的原因是什么？怎么处理僵局？

 课后实训

一、实训概要

本次实训的目的是掌握商务谈判磋商的策略与技巧，学生按照实训步骤，分析与运用商务谈判磋商策略与技巧，完成实训内容。通过对商务谈判磋商的内容进行认知学习，使学生熟悉商务谈判磋商策略，能够掌握商务谈判磋商技巧。

二、实训素材

计算机、谈判磋商背景资料、PPT 等。

三、实训内容

（1）以小组为单位，分别就谈判磋商双方，即美方与日方，确定各自的谈判磋商策略与技巧；分析双方此次谈判磋商策略，重点是谈判磋商技巧的运用。

背景资料：有一次，美日贸易谈判，美方要购买日本一企业的大宗汽轮机，然而并非一切从谈判开始。日方经理先花好几个晚上在东京几家豪华饭店款待美国客商，带他们去观赏日本民间舞蹈，然后领他们参观公司，最后还花一个下午打高尔夫球。美方的一位代表只打了九十多杆，虽然它的日本对手实力比他们强，他还是赢了，这位美方代表很有感慨地说"在这种场合，你怎么打也不会输给那些客气的东道主的。"日方最终以很优惠的条件达成了协议。

实训具体要求：

以小组为单位，选派小组代表各 1 名，采用 PPT 汇报的形式，对谈判磋商策略与存在的问题进行分析。具体内容包括以下两个方面：

①日方运用的策略。

②运用此策略应注意的问题。

（2）以小组为单位，分别就谈判磋商双方，即 A 公司与 C 国 B 公司，确定各自的谈判磋商策略与技巧；分析双方此次谈判磋商策略，重点是谈判磋商技巧的运用。

背景资料：A 公司谈判人员携带某工艺样品前往 C 国与 B 公司进行商贸谈判。按国际惯例，卖方先报价。C 国 B 公司代表一听报价，再看样品，心中窃喜，因为样品造型美观，而且符合 C 国顾客的审美情趣，对方报价又不高。但他掩饰着内心的高兴，漫不经心地把玩样品，并对样品百般挑剔。

实训具体要求：

以小组为单位，选派小组代表各 1 名，采用 PPT 汇报的形式，对谈判磋商策略与存在的问题进行分析。具体内容包括以下两个方面：

①C 国 B 公司代表采用的谈判策略是什么？

②若你是卖方代表，你的应对措施是什么？

项目六　商务谈判终结与签约

知识目标

（1）认识谈判结束的标志。
（2）了解谈判结束的方式。
（3）熟悉促成交易的策略。
（4）了解谈判破裂的原因。

能力目标

（1）恰当地运用成交策略。
（2）正确地处理谈判破裂关系。
（3）掌握商务合同订立的程序。

素养目标

（1）运用促成交易的策略，在商务谈判中获得有利于己方的最优结果。
（2）培养读者的职业道德与职业操守。

思维导图

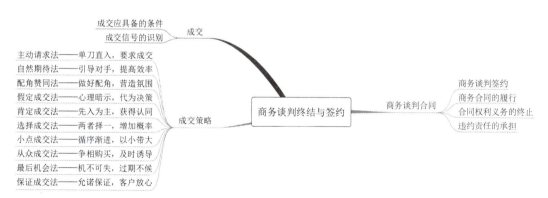

任务引入

"12 000 元"的教训

王峰是国内一家电子元件生产企业的销售人员，新开发了一家全球知名跨国公司客户，经过一个多月的接触和谈判，双方签订了长期供货合作协议，王峰非常高兴签订了这个大客户。他决心以出色的服务维护好与这个大客户的关系，十天前客户第一个订单传真了过来，对方交货期是自下订单当日算起两周后的月底，王峰想这是大客户，定要做好一切服务，于是提前一周送货上门。送货后第四天，此客户采购部给王峰发来一份传真要求王峰公司支付仓储费用及其他人工费用 12 000 元，理由是王峰他们公司提前送货，没有按照合同规定执行，给对方增加了额外的负担。

商务谈判中的各项谈判工作固然重要，但是，即使谈成了业务，如果不签订合同，双方的权利义务关系不固定下来，以后执行就可能出现问题。所以说，合同的签订不可忽视，而且合同的签订也是商务谈判取得成果的标志。当然，合同签订后要按照合同约定来履行，否则可能造成违约责任。

商务谈判的最后环节是签约。谈判双方经过你来我往多个回合的讨价还价，就商务交往中的各项重要内容完全达成一致以后，为了双方权利与义务关系的固定、取得法律的确认和保护而签订具有法定效益的合同文书，它是商务谈判取得成果的标志，是全部谈判过程的重要组成部分，它是谈判活动的最终落脚点，签约意味着全部工作的结束。商务谈判工作做得再好、沟通得再好，没有合同的签订与规范也是无效的。

有经验的谈判者总是善于在关键的、恰当的时刻，抓住对方隐含的签约意向或巧妙地表明自己的签约意向，趁热打铁，促进交易的达成与实现。因此，成功的签约者应做到：灵活把握签约意向，掌握促成签约的策略，熟记签约的流程，懂得签约的礼仪，适时使用签约的技巧等。

案例思考

（1）请结合案例，谈谈王峰提前交货有没有错，理由是什么？

（2）请结合案例，谈谈商务谈判签约后合同条款的重要性。

任务一　成　交

视频：成交应具备的条件

一、成交应具备的条件

成交是指谈判者接受对方的建议及条件，愿意根据这些条件达成协议，实现交易的行动过程。成交应具备的 6 个条件：

（一）使对方必须完全了解企业的产品及产品的价值

在实际谈判过程中，可以假设，如果对手比较熟悉你的商品，他们就会表现出购买的热情，容易接受谈判人员的建议。因此，作为谈判人员，应该主动地向谈判对手展示自己的商品，介绍商品的各种优势、性能、用途等问题，尽可能消除对手的疑虑。一句话，根据对手的不同心理，多给他们一个了解的时间和机会。

（二）谈判时必须先取得对方信任

使对方信赖自己和自己所代表的公司，从前面影响成交的几个因素中可以看出，如果对手对你以及你所代表的公司没有足够的信心和信赖，那么即使你的商品质量再好，价格再优惠，对手成交的要求也会产生动摇、变化。因此，谈到人员在谈判时，必须取得对方的信任，这是成交的必要条件。

（三）使对方对你的商品有强烈的购买欲望

根据市场营销学的原理，人类的需要有限，但其欲望却很多，当具有购买能力时，欲望便转化成需求，这就说明市场营销者连同社会上的其他因素，只是影响了人们的欲望，并试图向人们指出何种特定商品可以满足其指定需要，进而使商品更有吸引力，适应对手的支付能力且使之容易得到。因此，作为谈判人员，工作重心应放在做好谈判说明的工作中，这样才能影响和带动顾客的购买欲望和购买能力的产生。

（四）准确把握时机

"事在人为"，只要通过努力都有可能改变或影响某一事物的发展和变化。因此，作为谈判人员，要等待合适的时机。必要时想办法找到合适的时机，促使对方做出成交决策。

（五）掌握促成交易的各种因素

谈判者对商品的认识，谈判者的购买意图，谈判人员的性格、情绪、工作态度以及谈判人员业务能力都会影响成交。在谈判实践中，经常出现这样一些情形，如果谈判人员业务能力较强，则对商品的介绍、分析非常合理、科学，让人深信不疑，反之则会给人"听不明白"或"听了以后反增加疑虑"的感受，这必然会影响商品的成交机会。如果谈判人员善于创造一种氛围，有效地诱导对方，则会给商品多一些成交机会，反之，即使有了成交机会，可能也会丧失。

另外，商品的因素也会影响交易的达成。谈判者多数都比较看重商品自身的质量，如果商品质量低劣，即便其价格特别优惠，他们也不愿意购买。花钱买"垃圾"，谁都不会做，这是影响成交的一个主要因素。许多时候商品的价格实际反映了商品的质量问题，然而，即使商品质量可靠、耐用，但其价格过高，对手也会感到可望而不可即，这也是影响成交的一个主要因素。一般来讲，商品品牌好、知名度高，成交的可能性就相对大些，在成交时商品品牌效应影响较大。

（六）为圆满结束做出精心安排

谈判人员应对谈判工作有一个全面的安排方案，根据方案明确自己的工作目标和方向，同时也明确自己下一步的工作规划和要求。尤其是在洽谈的最后阶段，对对方提出来的意见要处理好，使他们自始至终对你的谈判工作及所谈判的商品保持浓厚的兴趣，要引导他们积极参与你的工作。

二、成交信号的识别

成交信号是指商务谈判的各方在谈判过程中所传达出来的各种希望成交的暗示。对大多数商务谈判人员而言，如何第一时间识别对方发出的成交信号，在对方发出此类信号时向成交的方向引导，并最终促成成交，这是所有成功谈判人员必须练就的本领。而一些经验欠缺的谈判人员，往往在对方"暗送秋波"发出成交信号时，仍然"不解风情"，导致最终与成交失之交臂。那如何成功识别对方的"秋波"呢？

（一）从语言信息中有效识别成交信号

在谈判过程当中，谈判对手最容易通过语言方面的表现流露出成交的意向，经验丰富的谈判人员往往能够通过对对手的密切观察，及时、准确地识别对手通过语言信息发出的成交信号，从而抓住成交的有利时机。

1. 某些细节性的询问表露出的成交信号

当对手产生了一定的成交意向之后，如果谈判人员细心观察、认真揣摩，往往可以从他（她）对一些具体信息的询问中发现成交信号。例如，他们向你询问一些比较细致的产品问题，向你打听交货时间，向你询问产品某些功能及使用方法，向你询问产品的附件与赠品，向你询问具体的产品维护和保养方法，或者向你询问其他老客户的反映、询问公司在客户服务方面的一些具体细则，等等。在具体的交流或谈判实践当中，对手具体采用的询问方式各不相同，但其询问的实质几乎都可以表明其已经具有了一定的成交意向，这就要求谈判人员迅速对这些信号作出积极反应。

2. 某些反对意见表露出的成交信号

有时，对手会以反对意见的形式表达他们的成交意向，比如他们对产品的性能提出质疑，对产品的某些细微问题表达不满等。对手有时候提出的某些反对意见可能是他们真的在某些方面存在不满和疑虑，谈判人员需要准确识别成交信号和真实反对意见之间的区别，如果一时无法准确识别，那么不妨在及时应对反对意见的同时，对他们进行一些试探性的询问以确定对手的真实意图。

同步案例 6 - 1

成交信号的把握

客户："这种材料真的经久耐用吗？你能保证产品的质量吗？"

谈判人员："我们当然可以保证产品的质量了！我们公司的产品已经获得了多项国家专利和各种获奖证书，这一点您大可以放心。购买这种

动画视频：
成交信号的把握

高品质的产品是您最明智的选择，如果您打算现在要货的话，我们马上就可以到仓库中取货。"

客户："不不，我还是有些不放心，我不能确定这种型号的产品是否真的如你所说的那么受欢迎……"

谈判人员："这样吧，我这里有该型号产品的谈判记录，而且仓库也有具体的出货单，这些出货单就是产品质量的最好证明了……购买这种型号产品的客户确实很多，而且很多老客户还主动为我们带来了很多新客户，如……这下您该放心了吧，您对合同还有什么疑问吗？"

（二）从行为信息中有效识别成交信号

有时，对手可能会在语言询问中采取声东击西的战术，比如他们明明希望产品的价格能够再降一些，可是他们却会对产品的质量或服务品质等提出反对意见。这时，谈判人员很难从他们的语言信息中有效识别成交信号。在这种情形下，谈判人员可以通过对手的行为信息探寻成交的信号。

如果当对方对样品不断抚摸表示欣赏之时，当他们拿出产品的说明书反复观看时，在谈判过程中忽然表现出很轻松的样子时，当对方在你进行说服活动时不断点头或很感兴趣地聆听时，当他们在谈判过程中身体不断向前倾时，等等。

当对手通过其一定的行为表现出某些购买动机时，谈判人员还需要通过相应的推荐方法进一步增加对手对产品的了解，如当对手拿出产品的说明书反复观看时，谈判人员可以适时地针对说明书的内容对相关的产品信息进行充分说明，然后再通过语言上的询问进一步确定对手的购买意向，如果对手并不否认自己的购买意向，那么谈判人员就可以借机提出成交要求，促进成交的顺利实现。

同步案例 6 - 2

情景一：行为信息

客户："我还从来没有用过这种产品，那些使用过的客户感觉用起来方便吗？"

销售人员："当然了，操作简单、使用方便是这种新产品的一个重要特点。以前也有一些客户在购买之前怕使用起来不方便，可是在购买之后他们觉得这种产品既方便又实用，所以已经有很多客户长期到我们这里来购买产品了，您现在就可以试一试，如果您也觉得用起来方便的话，就可以买回去好好享用它的妙处了……"

情景二：售后信息

客户："你们在服务公约上说可以做到三年之内免费上门服务和维修，那么我想知道，如果三年以后产品出现问题该怎么办？"

销售人员："您提的这个问题确实很重要，我们公司也一直关注这个问题。为了给客户提供更满意的服务，我们公司已经在各大城区都建立了便民维修点，如果在保修期之外出现问题的话，您只要给公司总部的服务台打电话说明您的具体地址，那么我们公司就会派离您最近的便民维修点上门服务，服务过程中只收取基本的材料费用而不收取任何额外的服务费……"

（三）从表情信息中有效识别成交信号

对手的面部表情同样可以透露其内心的成交欲望。例如，当对手的眼神比较集中于你的说明或产品本身时，当对手的嘴角微翘、眼睛发亮显出十分兴奋的表情时，或者当对手渐渐舒展眉头时等，这些表情上的反应都可能是对手发出的成交信号，谈判人员需要随时关注这些信号，一旦对手通过自己的表情语言透露出成交信号之后，谈判人员就要及时做出恰当的回应。

同步案例 6 － 3

善于捕捉成交的信号

在一次与客户进行谈判的过程中，刚开始我发现那位客房一直紧锁着眉头，而且还时不时地针对产品的质量和服务提出一些反对意见。对他提出的问题我都一一给予了耐心、细致的回答，同时我还针对市场上同类产品的一些不足强调了本公司产品的竞争优势，尤其是针对客户比较关心的服务品质方面着重强调了本公司相对完善的客户服务系统。在我向对手一一说明这些情况的时候，我发现他对我的推荐不再是一副漠不关心的模样，他的眼睛似乎在闪闪发亮，我知道我的介绍说到了他的心坎儿上，于是我便趁机询问他需要订购多少产品，他告诉了我他们打算订购的产品数量，我知道这场谈判很快就要成功了……。

随时做好准备接收对手发出的成交信号，千万不要在对手已经做好成交准备的时候你却对他们发出的信号无动于衷。要准确识别成交信号，无论是识别错误还是忽视这些信号，对你来说都是一种损失。

总之，正确地把握自己，全面认识对方，再加上谈判策略和技巧的巧妙运用，谈判才会抵达成功的彼岸。

任务二   成交策略

成交促成策略是在成交过程中，谈判人员在适当的时机，以启发对手做出决策、达成协议的谈判技巧和手段。对于任何一个谈判人员来讲，熟悉和掌握各种成交的方法和技巧是非常重要的。

一、主动请求法——单刀直入，要求成交

（一）含义

谈判人员用简单、明确的语言，向谈判对手直截了当地提出成交建议，也叫直接请求成交法。

这是一种最常用，也是最简单、有效的方法。例如：

顾客：师傅，您刚才提出的问题都得到解决了，是否现在可以谈购买数量的问题了？

某主任，您是我们的老客户了，您知道我们公司的信用条件，这次看是否在半个月后交货？

（二）适用性

主动请求法的优点是可以有效地促成购买；可以借要求成交向对方直接提示并略施压力；可以节省洽谈时间，提高谈判效率。但它也存在一些局限性，如过早直接提出成交可能会破坏不错的谈判气氛；可能会给对手增加心理压力；可能使对手认为谈判人员有求于他，从而使谈判人员处于被动，等等。

运用主动请求法，应把握成交时机，一般来说适用于以下情况：

（1）同关系比较好的老顾客谈判时。

（2）在对手不提出异议，想购买又不便开口时。

（3）在对手已有成交意图，但犹豫不决时。

二、自然期待法——引导对手，提高效率

（一）含义

谈判人员以积极的态度，自然而然地引导对手提出成交的一种方法。自然期待法并非完全被动等待对手提出成交，而是在成交时机尚未成熟时，以耐心的态度和积极的语言把洽谈引向成交。例如：

谈判人员："这是我们刚上市的新产品，价格适中，质量绝对没有问题，您看看怎么样？"

谈判人员："我知道您对产品的款式、颜色等较满意，就是好像价格高了些，怎么样，给您优惠一点，行吗？"

（二）适用性

自然期待法的优点是较为尊重对手的意向，避免对手产生抗拒心理；有利于保持良好的谈判气氛，循序诱导对手自然过渡到成交上；防止出现新的僵局和提出新的异议。但缺陷也明显存在，主要为可能贻误成交时机，同时，花费的时间较多，不利于提高谈判

效率。

　　谈判人员运用自然期待法时，既要保持耐心、温和的态度，又要积极、主动地引导。谈判人员在期待对手提出成交时，不能被动等待，要表现出期待的诚意，表达成交的有利条件，或用身体语言进行暗示。

同步案例 6 – 4

促销奇才

　　轰动世界的美国促销奇才哈利，在他15岁做马戏团的童工时，就非常懂得做生意的要诀，善于吸引顾客前来光顾。有一次他在马戏团售票口处，使出浑身的力气大叫："来！来！来看马戏的人，我们赠送一包好吃的花生米。"观众就像被磁场吸引了一样，涌向马戏场。这些观众边吃边看，一会儿就觉得口干，这时哈利又适时叫卖柠檬水和各种饮料。其实，哈利在加工这些五香花生米时，就多加了许多盐。因此观众越吃越干，这样他的饮料生意才兴隆。以饮料的收入去补齐花生米的损失，收益甚丰。这种颇有心计而又合法的促销绝招，不动脑筋是想不出来的。

三、配角赞同法——做好配角，营造氛围

（一）含义

　　谈判人员把对方作为主角，自己以配角的身份促成交易的实现。从性格学理论来讲，人的性格可以分为多种多样，如外向型与内向型，独立型与支配型等。一般人都不喜欢别人左右自己，对于内向型与独立型的人，更是如此，他们都希望自己的事情自己做主。在可能的情况下，谈判人员应营造一种促进成交的氛围，让对手自己做出成交的决策，而不要去强迫或明显地左右他，以免引起对手的不愉快，例如：

　　谈判人员："我认为您非常有眼光，就按您刚才的意思给您拿一件样品好吗？"

　　谈判人员："您先看看合同，看完以后再商量。"

（二）适用性

　　配角赞同法的优点为既尊重了对手的自尊心，又富有积极主动的精神，促使对手做出明确的购买决策，有利于谈判成交。但这种方法的缺陷也是明显的，它必须以对手的某种话题作为前提条件，不能充分发挥谈判人员的主动性，运用这种方法时，关键应牢记一个法则，即始终当好配角，不能主次颠倒。按一些有经验的谈判人员的办法，可以借鉴"四六原则"，即谈判人员只用引导性的发言和赞同的附和，一般占洽谈内容的十分之四；启发对手多讲，一般可占洽谈内容的十分之六。当然，不能忘记，在当配角的过程中，应认真聆听对方的意见，及时发现和捕捉有利时机，并积极创造良好的氛围，促成交易。

同步案例 6 – 5

汽车推销体验

　　A先生经营一家汽车修理厂，同时还是一位十分有名的二手车推销员，在某届奥运会期间，他总是亲自驾车去拜访想临时买部廉价二手车开一开的顾客。

　　他总是这样说："这部车我已经全面维修好了，您试试性能如何？如果还有不满意的

地方，我会为您修好。"然后请顾客开几公里，再问道"怎么样？有什么地方不对劲吗？"

"我想方向盘可能有些松动。"

"您真高明。我也注意到这个问题，还有没有其他意见？"

"引擎很不错，离合器没有问题。"

"真了不起，看来您的确是行家。"

这时，顾客便会问他："先生，这部车子要卖多少？"

他总是微笑着回答："您已经试过了，一定清楚它值多少钱。"

若这时生意还没有谈妥，他会怂恿顾客继续一边开车一边商量。如此的做法，使他的笔笔生意几乎都顺利成交。

四、假定成交法——心理暗示，代为决策

（一）含义

谈判人员以成交的有关事宜进行暗示，让其感觉自己已经决定购买。假定成交法也就是谈判人员在假设对方接受谈判建议的基础上，再通过讨论些细微问题而推进交易的方法。

例如：

谈判人员："师傅，既然您对商品很满意，那么就这样定了。"

谈判人员："先生，这是您刚才挑选的衣服，我给您包装一下好吗？"

（二）适用性

假定成交法的优点包括：节约时间，提高谈判效率；可以减轻对手的成交压力。因为它只是通过暗示，对手也只是根据建议来做决策。这是一种最基本的成交技巧，应用很广。但它的局限性也是存在的，可能产生过高的成交压力，破坏成交的气氛；不利于进一步处理异议；如果没有把握成交时机，就会引起对手反感，产生更大的成交障碍。

谈判人员在运用此种方法时，必须对对方成交的可能性进行分析，在确认对方已有明显成交意向时，才能以谈判人员的假定代替对方的决策，但不能盲目地假定；在提出成交假定时，应轻松自然，决不能强加于人。最适用较为熟悉的老顾客和性格随和的人员。

同步案例 6 - 6

谈判中的暗示效果

在某友谊商店里，一对外商夫妇对1只标价8万元的翡翠戒指很感兴趣。售货员作了些介绍后说"某国总统夫人也曾对它爱不释手，只因价钱太贵，没买。"

顾客的购买动机不尽相同，有讲究"实惠"的，有追求"奇特"的，还有出于"炫耀""斗胜"的。在售货员的刺激下，这对夫妇已经感觉出了，如果买了此戒指，表明自己比总统夫人更阔气。这对夫妇听了此言，欣然买下。

五、肯定成交法——先入为主，获得认同

（一）含义

谈判人员以肯定的赞语坚定对方成交的信心，从而促成交易的实现，从心理学的角度

来看，人们总是喜欢听好话，多用赞美的语言认同对方的决定，可以有力地促进顾客无条件地选择并认同你的提示。例如：

一位服装销售人员看到一位顾客进来时，就热情地招呼："师傅，您看看这件衣服挺漂亮的，您试穿一下吧，反正不收您的试穿费用。" 当顾客试穿衣服时，他又开始赞美："您看，这件衣服穿在您身上有多合适，好像特意为您做的。"

许多人听了类似的赞美词后，就会痛快地将自己腰包内的钱掏给老板了。

（二）适用性

肯定成交法先声夺人，先入为主，免去了许多不必要的重复性的说明与解释；谈判人员的热情可以感染对方，并坚定对方的成交信心与决心。但它有时有强加于人之感，运用不好可能遭到拒绝，难以再进行深入的洽淡。

运用此方法，注意必须事先进行实事求是的分析，看清对象，并确认产品可以引起对方的兴趣，且肯定的态度要适当，不能夸夸其谈，更不能愚弄对方。一般可在成交时机成熟后，针对对方的犹豫不决而用此方法来解决。

六、选择成交法——两者择一，增加概率

（一）含义

谈判人员直接向对方提供一些成交决策选择方案，并且要求他们立即做出决策的一种成交方法。它是假定成交法的应用和发展。谈判人员可以在假定成交的基础上，向对方提供成交决策比较方案，先假定成交，后选择成交。例如：

谈判人员："您要红颜色的还是灰颜色的商品？"

谈判人员："您用现钱支付还是用转账支票？"

（二）适用性

选择成交法的理论依据是成交假定理论，它可以减轻对方决策的心理负担，在良好的气氛中成交；同时也可以使谈判人员发挥顾问的作用，帮助对方顺利完成购买任务，因而具有广泛的用途。但是，如果运用不当，可能会分散对方注意力，妨碍他们选择。

运用此方法时应自然得体，既要主动热情，又不能操之过急，不能让对方有受人支配的感觉。

七、小点成交法——循序渐进，以小带大

（一）含义

谈判人员通过次要问题的解决，逐步地过渡到成交的实现。从心理学的角度看，谈判者一般都比较重视一些重大的成交问题，轻易不做明确的表态，而相反，对于一些细微问题，往往容易忽略，决策时比较果断、明确。小点成交法正是利用了这种心理，避免了直接提示重大的和对方比较敏感的成交问题。先小点成交，再大点成交；先就成交活动的具体条件和具体内容达成协议，再就成交活动本身与对方达成协议，最后达成交易。例如：

对方提出资金较紧，这时谈判人员对于不那么畅销的商品，可以说："这个问题不大，可以分期付款，怎么样？"

（二）适用性

小点成交法可以避免直接提出成交的敏感问题，减轻对方成交的心理压力，有利于谈判人员推进，但又留有余地，较为灵活。它的缺点是可能分散对方的注意力，不利于针对主要问题进行劝说，影响对方果断地做出抉择。

运用此种方法时，要根据对方的成交意向，选择适当的小点，同时将小点与大点有机地结合起来，先小点后大点，循序渐进，达到成交目的。

八、从众成交法——争相购买，及时诱导

（一）含义

谈判人员利用人的从众心理和行为促成交易的实现。心理学研究表明，从众心理和行为是一种普遍的社会现象。人的行为既是个体行为，又是社会行为，受社会环境因素的影响和制约。从众成交法也正是利用了人们的这种社会心理，创造一定的众人争相购买的氛围，促成对方迅速做出决策。例如：

大街上我们经常可以看到这样一种景象：一帮人正围着摊主抢购某种商品，其实，这一帮人并不是真正的顾客，而是摊主同伙人，他们的目的就是营造一种"抢购"的氛围。有时我们也将这种现象称为"造人气"。

（二）适用性

从众成交法可以省去许多谈判环节，简化谈判劝说内容，促成大量的购买，有利于相互影响，有效地说服对方。

但是，它也不利于谈判人员准确地传递谈判信息，缺乏劝说成交的针对性。只适用于大众心理较强的对手。

运用此种方法，要掌握对手的心态，进行合理的诱导，不能采用欺骗手段诱使对方上当。

九、最后机会法——机不可失，过期不候

（一）含义

谈判人员向对手提示最后成交机会，促使他们立即决策的一种成交方法。这种方法的实质是谈判人员通过提示成交机会，限制成交内容和成交条件，利用机会心理效应，促使成交。如"这种商品今天是最后一天降价""现在房源紧张，如果您还不作出决定，这房子就不给您保留了"。往往在最后的机会面前，人们由犹豫变得果断。最后机会法利用人们怕失去某种利益的心理，引起对手的注意力，可以减少许多谈判劝说工作，避免对手在成交时再提出各种异议；可以在对手心理上产生一种"机会效应"，把他们成交时的心理压力变成成交动力，促使他们主动提出成交。

（二）适用性

最后机会法是利用人们怕失去得到某种利益的心理，通过向对方提供优惠成交条件，然后提示这是最后的机会，这样在对方心理上产生一种"机会效应"，把他们成交时的心理压力变成成交动力，促使他们主动提出成交，这实际上是对对方的一种让步，满足对方

的求利心理动机。

运用此种方法，要注意不能盲目提供优惠；要注意在给予回扣时，遵守有关的政策和法律法规，不能变相行贿。

十、保证成交法——允诺保证，客户放心

（一）含义

保证成交法是指销售人员直接向客户提出成交保证，使客户立即成交的一种方法。所谓成交保证就是指销售人员对客户所允诺担负交易后的某种行为，例如，"您放心，这个机器我们 3 月 4 号给您送到，全程的安装由我亲自来监督。等没有问题以后我再向总经理报告""您放心，您这个服务完全是由我负责，我在公司已经有 5 年的时间了，我们有很多客户，他们都是接受我的服务。"让顾客感觉你是直接参与的，这是保证成交法。

（二）适用性

产品的单价过高，缴纳的金额比较大，风险比较大，客户对此种产品并不是十分了解，对其特征质量也没有把握，产生心理障碍成交犹豫不决时，销售人员应该向顾客提出保证，以增强信心。可以消除客户成交的心理障碍，增强成交信心，同时可以增强说服力以及感染力，有利于销售人员妥善处理有关的成交异议。应该看准客户的成交心理障碍，针对客户所担心的几个主要问题直接提示有效的成交保证。以解除客户的后顾之忧，增强成交的信心，促使进一步成交。

根据事实、需要和可能，向客户提供可以实现的成交保证，切实地体恤对方，既要维护企业的信誉，同时还要不断地去观察客户有没有心理障碍。

除以上几种主要方法以外，谈判人员在谈判实际中还总结出了一些好方法、手段。例如：

（1）异议成交法：谈判人员在转化异议以后，及时提出成交要求。

（2）欲擒故纵法：谈判人员佯装消极销售的样子，诱使对方积极配合而实现成交。这是一种以被动的谈判换取对方的主动购买的方法。

（3）相关群体法：谈判人员利用对对方决策有重要影响的群体促成交易。这是一种利用对方趋同于某一些社会群体的购买心理动机促成成交的方法。

（4）试用成交法：谈判人员想办法把少量包装的商品留给对方，使他们对产品拥有一段时间的使用权而促成成交的方法。这种方法主要是请求对方试用少量的商品，如果满意，可购买某一特定的数量的商品。

同步案例 6 - 6

农机设备谈判的成交信号

20 世纪 40 年代，A、B 两个国家在经过几十年发展，经济得到了飞速发展，都跻身世界经济强国之列。由于 B 国独有的民族特性和长期在经济发展过程中的实践，使 B 国成长为精于谈判的少数国家之一。特别是 B 国商人，勇于实践，富有经验，深谙谈判之真谛。他们手法高超，谋略多变，善于运用谈判的各种战术，为自己赢得利益，因而 B 国人素有"圆桌武士"之称。A 国某公司正是面对这样一些"圆桌武士"，在上海著名的国际大厦，

围绕进口农业机械加工设备，进行了一场别开生面的竞争与合作。A国方在这一谈判中也谋略不凡，身手高超，使这场谈判成为一个成功的范例。

在谈判的准备阶段，双方都组织了精干的谈判小组。特别是作为买方的A国方，在谈判之前，已做好了充分的国际市场行情预测，摸清了这种农业机械加工设备的国际行情的变化情况及趋势，同时制订了己方的谈判方案，从而为赢得谈判的成功奠定了基础。

首回合的相互试探：

第一轮谈判，从B国方的角度看，不过是放了一个"试探气球"。因此，凭此取胜是侥幸的，而"告吹"则是必然的。因为对交易谈判来说，很少有在开局的第一次报价中就获得成功的。B国方在这轮谈判中试探了A国方的虚实，摸清了A国方的态度，同时也了解了A国方主谈人的谈判能力和风格。从A国方角度来说，在谈判的开局就成功地掏出了对方的"筑高台"手段，使对方的高目标要求受挫。同时也向对方展示了己方的实力，掌握了谈判中的主动权。双方在这轮谈判中，互通了信息，加深了了解，增加了谈判成功的信心。从这一意义上看，首轮谈判对双方来说，都是成功的。

第二回合的拉锯战：

第二轮谈判开始后，双方首先漫谈了一阵，调节了情绪，融洽了感情，创造了有利于谈判的良好气氛，之后，B国方再次报价"我们请示了总经理，又核实了一下成本，同意削价100万元"。

同时，他们夸张地表示，这个削价的幅度是不小的，要A国方"还盘"。A国方认为B国方削价的幅度虽不小，但离A国方的要价仍有较大的距离，马上"还盘"还有困难。因为"还盘"就是向对方表明己方可以接受的价格。

在弄不清对方的报价离实际卖价的"水分"究竟相差多大时就轻易"还盘"，容易造成被动，高了己方吃亏，低了只能刺激对方。究竟"还盘"多少才是适当的，A国方一时还不能确定。为了慎重起见，A国方一再电话联系，再次核实该产品国际市场的最新价格，一面对B国方的两次报价进行分析。根据分析，这个价格B国方虽表明是总经理批准的，但根据情况看，此次降价是谈判者自行决定的。

最后成交阶段，A国方成交信号分析策略的成功运用：

B国方报价中所含水分仍然不少，弹性很大。基于此点，A国方确定"还盘"价格为750万元。B国方立即回绝，认为这个价格不能成交，A国方坚持认为讨价还价的高潮已经过去，因此，A国方认为最后成交的时机已经到了，该是展示自己实力，运用谈判技巧的时候了。

于是，A国方主谈人使出具有决定意义的一招，郑重向对方指出"这次引进，我们从几家公司中选中了贵公司，这说明我们成交的诚意，该价虽比贵公司销往C国的价格低一点，但由于运往上海口岸的运费比运往C国的运费低，所以利润并没有减少。加上一点，诸位也知道我国有关部门的外汇政策规定，这笔生意允许我们使用的外汇只有这些。要增加，需再审批。如果这样，那只好等改日再谈。"这是一种欲擒故纵的谈判方法，旨在向对方表示己方对该谈判已失去兴趣，以迫使其做出让步。

但A国方仍觉得这一招的分量还不够，又使用了类似"竞卖会"的高招，把对方推向一个与"第三者"竞争的境地。A国方主谈人接着明确地说"C国、D国还等着我们的邀请。"说到这里，A国方主谈人把一只捏在手里的王牌摊了出来，恰到好处地向对方泄露情报，把 A 国外汇使用批文和 C 国、D 国的电报传递给 B 国方主谈人。B 国方见后大为惊讶，他们坚持继续讨价还价的决心被摧毁了，陷入必须"竞卖"的困境：要么压价握手成交，要么谈判就此告吹，B 国方一再举棋不定，握手成交，利润不大，有失所望；告吹回国，跋山涉水，兴师动众，自身花费了不少的人力、物力和财力，最后空手而归，不好向公司交代。另一方面，A 国方主谈人运用心理学知识，根据"自我防卫机制"的文饰心理，称赞 B 国方此次谈判的确精明强干，已付出了很大的努力，但限于 A 国方的政策，不能再有伸缩的余地。如果 B 国方放弃这个机会，A 国方只能选择 C 国、D 国的产品了。B 国方再三考虑，还是认为成交可以获利，"告吹"只能赔本。这正如本杰明·福兰克林的观点所表明的那样，"最好的结局，是尽自己的交易地位所能许可得来做成最好的交易。最坏的结局，则是由于过于贪婪而未能成交，结果本来双方都有利的交易却没能成交。"

任务三 商务谈判合同

一、商务谈判签约

在商务谈判的过程中，谈判的当事人就双方关心的问题进行了多种情形的磋商，从而达成一致意见，对达成的一致意见签署协议，这就是商务合同，以使当事人共同遵守。

同步案例 6 - 8

合同标的不明引发的争议

天津钢管公司与均良蔬菜公司订立了一份合同，约定由蔬菜公司在国庆"黄金周"7天向钢管公司提供新鲜蔬菜 4 000 公斤，每公斤蔬菜单价 1 元。均良蔬菜公司在约定的期间向天津钢管公司送去了小白菜 4 000 公斤，但钢管公司拒绝接受小白菜，认为自己职工食堂炊事员有限，不可能有那么多人力去洗小白菜，小白菜不是合同所要的蔬菜。为此，双方发生争议。争议的焦点不在价格，也不涉及合同的其他方面，唯有对合同的标的双方各执一词。钢管公司认为，自己的食堂与均良蔬菜公司是长期合作关系，经常向其购买各种蔬菜，每次买的不是土豆、圆白菜就是萝卜、茄子等容易清洗的蔬菜，从来没有买过小白菜。蔬菜公司则认为，合同说的是新鲜蔬菜，而小白菜最新鲜，所以送去了小白菜，并反驳钢管公司：小白菜不是蔬菜，既没有合同依据也无法律依据。

谈判所走过的道路，一般都要经过"一致协商"（即一致希望通过协商解决问题）—"协商不一致"（即双方的利益、立场、观点存在分歧）—"协商一致"（即双方经过协商达成了若干一致的认识）这样三个阶段，签约就是最后阶段的任务。

签约是当事人用文字形式把双方或多方的权利、义务加以肯定和明确的依法行为，是一项十分复杂、烦琐的工作，涉及的内容相当广泛。

在商务谈判的过程中，谈判的当事人就双方关心的问题进行了多种情形的磋商，从而达成一致意见，对达成的一致意见签署协议，这就是商务合同，以使当事人共同遵守。

（一）签约的方式

签约，是指商务合同的当事人为明确各自的权利与义务而签署的协议。

签约方式，是指由谁签署当事人之间的协议。在商务合同中主要有两种签约方式：一是当事人自己签订，即由当事人自己在达成的书面协议上签字；二是代理人签订，即当事人委托代理人在达成的书面协议上签字。

（二）商务合同的含义及内容

1. 商务合同的含义

所谓的商务合同是指当事人在商务活动中为了实现一定目的而设立、变更、终止民事权利义务关系的协议，也称契约。

（1）合同是当事人意思表示一致的结果。当事人意思表示不一致，合同就不能成立，这是订立合同的首要条件，因为合同是属于双方或多方的法律行为。

当事人意思表示一致，就是指当事人各方想要达到的目的一致。但并不代表意思表示的一致，在有的合同中当事人的意思表示是对应的。比如，在货物买卖合同中，一方要卖，一方要买，意思表示对应，但买卖双方想转移标的物所有权以取得利益，则是一致的。

（2）合同是合法的民事行为。合同之所以能够发生法律效力，就是由于当事人在订立、履行合同时遵守法律、行政法规，尊重社会公德，不扰乱社会秩序、损害社会公共利益，因而被国家法律所承认和保护。否则，不但得不到国家法律的认可和保护，并且还要承担由此而产生的法律责任。

（3）合同依法成立，就具有法律约束力。依法成立的合同对当事人具有法律约束力，即当事人在合同中约定的权利义务关系就发生法律效力。当事人应当履行自己的义务，任何一方不得擅自变更合同的内容。

2. 商务合同的形式

商务合同的形式是指商务合同当事人达成协议的表现形式。依据《中华人民共和国民法典》（后文简称《民法典》）规定，当事人订立合同，可以采用书面形式、口头形式或者其他形式。

（1）书面形式。书面形式指商务合同是以合同书、信件和数据电文（包括电报、电传、传真、电子数据交换和电子邮件）等可以有形地表现所载内容的形式进行的。

（2）口头形式。口头形式是指商务活动当事人以谈话方式所订立的商务合同。例如，当面交谈、电话交谈等。一般来讲，对于不能即时清结的较重要的商务合同不宜采用口头形式。

（3）其他形式。其他形式是指用书面形式、口头形式以外的方式来订立的商务合同形式。

3. 商务合同的主要内容

商务合同的内容是指商务合同当事人依照约定所享有的权利和承担的义务。商务合同的内容通过商务合同的条款来体现，由商务合同的当事人约定。因商务合同的种类不同，其内容也有所不同，但一般来说，商务合同的内容主要有以下方面：

（1）当事人的名称（或姓名）和住所。名称是指法人或者其他组织在登记机关登记的正式称谓；姓名是指公民在身份证或者户籍登记表上的正式称谓。住所对公民个人而言，是指其长久居住的场所；对法人和其他组织而言，是指主要办事机构所在地。当事人是合同法律关系的主体，因此，在合同中应当写明当事人的有关情况，否则，就无法确定权利的享有者和义务的承担者。

（2）标的。标的是商务合同当事人的权利义务所共同指向的对象，在法学中称为标的，就是合同法律关系的客体。在商务合同中标的必须明确、具体、肯定，以便于商务合同的履行。合同的标的可以是物、劳务、智力成果等。

（3）数量。数量是以数字和计量单位对商务合同标的进行具体的确定，标的的数量也是衡量合同身价的尺度之一。数量也是确定商务合同当事人权利义务范围、大小的依据，如果当事人在商务合同中没有约定标的数量，也就无法确定双方的权利和义务。

（4）质量。质量是以成分、含量、纯度、尺寸、精密度、性能等来表示合同标的内在素质和外观形象的优劣状态。如产品的品种、型号、规格、等级和工程项目的标准等。合同中必须对质量明确加以规定。

（5）价款或者报酬。价款或者报酬，又称价金，是当事人一方取得标的物或接受对方的劳务而向对方支付的对价。在商务合同标的为物或智力成果时，取得标的物所应支付的对价为价款；在合同标的物为劳务时，接受劳务所应支付的对价为报酬。

价金一般由当事人在订立商务合同时约定，如果是属于政府定价的，必须执行政府定价。如果属于政府指导价的，当事人确定的价格不得超出政府指导价规定的幅度范围。

（6）履行期限、地点和方式。履行期限是当事人履行合同义务的时间规定。履行期限是衡量商务合同是否按时履行的标准，当事人在订立商务合同时，应将商务合同的履行期限约定明确、具体。

履行地点是当事人履行义务的空间规定。即规定什么地方交付或提取标的。当事人订立商务合同时要明确规定履行合同的地点。履行方式是当事人履行义务的具体方式。商务合同履行的方式依据商务合同的内容不同而不同。

（7）违约责任。违约是当事人没有按照商务合同的约定全面履行自己义务的行为。违约责任是指商务合同当事人因违约应当承担的法律责任。当事人为了确保商务合同的履行，可以在商务合同中明确规定违约责任条款。承担违约责任的方式一般是违约方向对方支付违约金或赔偿金。

（8）争议的解决方法。争议的解决方法是当事人在履行合同过程中发生争议后，通过什么样的方法来解决当事人之间的争议。争议的解决方法有协商、调解、仲裁和诉讼。

合同正文条款的构成如表6-1所示。

表6-1　合同正文条款的构成

条款名称	内容描述
引言条款	明确当事人（名称、地址、企业性质）和交易理由
标的条款	明确交易标的名称、特征（物理的、化学的、机械的、电气的或其他可定性的）指标和数量要求
价格条款	明确交易标的的价值（价格），对于复杂的交易须列明分项价格，以及支付的货币形式
支付条款	简单交易在价格条款中规定了支付方式，而复杂交易常用支付条款。 该条款规定价格性质（固定价还是浮动价）、支付方式（承兑交单、银行电汇还是信用证支付）和支付进度（有否预付金或保证金、付款批次及每次金额、支付凭证）；对于远期支付条件，还要明确是否另计利息，延期支付的处理办法
服务条款	有的商品（设备）由于其技术要求高，购买时需要提供技术协助。 一方面，要明确提供技术指导方的人数、专业水平、时间、地点和方式以及指导时的生活待遇、家属问题和不称职及违纪处理等；另一方面，要明确接受技术培训方的人数、业务水平、专业、受训时间、受训地点和方式以及受训时的生活待遇、家属问题、结业方式和生病、不称职及违纪处理等

续表

条款名称	内容描述
经济技术指标条款	明确达到标的的要求所需要保证的人力、物力条件，包括需要配置的人数、专业、场所面积、环境条件、动力消耗、劳动效率及合格率要求
验收条款	明确按什么技术标准验收以及验收的科目和验收程序。一般分为交付开箱检验科目，即外观及数量检验；安装后检验科目，即通电、试运转、小批量试车等；如果是成套设备还要连线试生产。明确按什么技术标准进行检验，若没有明确标准，双方要商定验收办法和程序
交付条款	明确标的物的交付状态、包装条件、储存条件、运输方式、保险险别与责任方、双方联络方式、单据交付方式、事故及责任归咎原则
违约处罚条款	明确延迟交付的处罚规定、表面缺陷的处罚规定、隐性缺陷的处罚规定、轻微缺陷的定义和处罚规定以及严重缺陷的定义与处罚规定
原产地条款	明确商品的生产或制作地以及具有法律效力的证明文件，以及违反该规定的处罚办法
税务条款	明确交易的税务责任，即什么税、在什么地方产生的税、由谁缴纳以及如何避免双重课税
法律适用条款	明确交易受什么法律管辖，即明确管辖合同的法律和处理合同纠纷的法律
保证条款	明确对交易标的物的品质保证，以及实现保证的前提。在有的交易合同中，该保证条款采取列举保证内容的方式描述：如保证标的物用料全新，品质全优，性能先进、现代，保证寿命等，而且要写明各项保证内容的先决条件
保密条款	明确合同内容的私有性，对技术资料、技术诀窍、交易本身保守秘密的义务，以及解除这种义务的条件和泄密的后果等
免责条款（不可抗力）	明确当事各方在什么条件下可以对合同义务免责，以及当发生这种条件时双方应履行的义务，如通报、举证、补救和最后的处理措施
争议处理条款（仲裁条款）	明确各种处理的可能性，包括当事人的协商、第三者的调解、仲裁、诉讼，各种可能的前提条件，具体操作程序及最终效应
生效条款	明确合同生效必备条件，包括合同正本语言、合同份数及分配、合同的生效期、合同修改程序与效力、合同解释、合同终止以及终止的处理措施

4. 合同订立的原则

（1）平等互利原则。平等互利原则是指合同当事人的民事法律地位平等。要求当事人之间在订立合同时应平等协商，任何一方不得将自己的意志强加给另一方。当事人之间要互利，不得损害对方利益。

（2）自愿原则。自愿原则是指当事人依法享有自愿订立合同的权利，任何单位和个人不得干预。当事人在法律规定的范围内，可以按照自己的意愿订立合同，自主地选择订立合同的对象、决定合同内容及订立合同的方式。

（3）公平原则。公平原则要求合同双方当事人之间的权利义务要公平合理，要大体上平衡，强调一方给付与对方给付之间的等值性，合同上义务的负担和风险的合理分配。在订立合同时，要根据公平原则确定双方的权利和义务。不得滥用权利，不得欺诈，不得假借订立合同进行恶意磋商。

（4）诚实信用原则。诚实信用原则是指当事人在订立合同时诚实守信，不得隐瞒事实的真相，诱使对方签订意思表示不真实的合同。

5. 合同的订立程序

合同的订立程序是当事人就商务合同内容进行协商并达成一致意见的过程。主要包括要约和承诺两个阶段。

（1）要约。要约是指一方当事人为了订立商务合同，而向对方或其代理人提出的明确意思表示，也就是希望和对方订立合同的决心。做出要约的一方称要约人，要约必须具备的条件：第一，要约人要有表示订立某种合同的意思；第二，约的内容必须明确、具体、肯定，即应该在要约中明确提出准备与对方签订合同的主要条件，以使受要约人确切知道要约的内容。一旦受要约人表示接受，双方当事人就可以成立合同。要约经受要约人承诺，要约人即受其意思表示的约束。

要约必须传递给受要约人或其代理人，否则要约就没有法律效力。

①要约的生效。口头要约在对方了解其内容时发生法律效力，书面要约一般在送达对方或其代理人时发生法律效力。采用数据电文形式订立合同，收件人指定特定系统接收数据电文的，该数据电文进入该特定系统的时间，视为到达时间；未指定特定系统的，该数据电文进入收件人的任何系统的首次时间，视为到达时间。

②要约的撤回与撤销。要约可以撤回，但撤回的通知应当在要约到达受要约人之前或者与要约同时到达受要约人。要约可以撤销，撤销要约的通知应当在受要约人发出承诺通知之前到达受要约人。

但有下列情形之一的，要约不得撤销：

第一，要约人确定了承诺期限或者以其他形式明示要约不可撤销。

第二，受要约人有理由认为要约是不可撤销的，并已经为履行合同作了准备工作。

③要约的失效。

我国《民法典》规定，有下列情形之一的，要约失效：

第一，要约被拒绝。

第二，要约被依法撤销。

第三，承诺期限届满，受要约人未作出承诺。

第四，受要约人对要约的内容作出实质性变更。

（2）承诺。承诺是指接受要约的一方作出完全接受要约的意思表示。作出承诺的一方称承诺人，承诺生效后，合同即成立，承诺人就负有履行商务合同的义务。

承诺有效成立的必备条件：

①承诺的内容应当与要约的内容一致。如果受要约人对要约的内容作出实质性改变

的，应认为是拒绝原要约而提出新要约。新要约提出后，原要约人变成了接受新要约的人，而原承诺人成为新的要约人。只有原要约人同意新的要约，合同才能成立。

我国《民法典》规定，承诺对要约的内容作出非实质性变更的，除要约人及时表示反对或者要约表明承诺不得对要约的内容作出任何变更外，该承诺有效，合同的内容以承诺的内容为准。这是指承诺与要约实质内容一致，而只是对一些非实质内容作了些更改，而要约人不反对，不影响合同的成立。

②承诺必须由接受要约的人或其合法代表或合法代理人向要约人表示。

③承诺必须在要约确定的期限内到达要约人，否则认为不接受。

要约没有确定承诺期限的，承诺应当依照下列规定执行：

①要约以对话方式作出的，应当即时作出承诺，但当事人另有约定的除外，比如，受要约人提出 3 天内答复，要约人同意。要约以非对话方式作出的，承诺应当在合理期限内到达，否则认为不接受。

②要约人限定承诺应以传真回答，受要约人如以电报答复，则不产生承诺的效力；如要约人仅希望以传真答复，则受要约人可以用其他方法答复。要约人未规定以何种方法回答的，则按商业习惯进行。

③受要约人接到要约后并不是必须承担承诺的义务，他可以承诺也可以不承诺。除法律另有规定外，也没有通知要约人的义务。

承诺的撤回：

①我国《民法典》规定，承诺是可以撤回的。但撤回承诺的通知应在承诺到达要约人之前或者与承诺同时到达要约人。如果承诺是采用对话方式作出或者承诺是通过行为方式作出的，承诺是不可以撤回的。

②在承诺生效前，承诺是可以撤回的，因为此时合同还没有成立。承诺生效后，是不能撤销的，因为承诺一经生效，合同即告成立。对于已经成立的合同，一方当事人无权撤销。

二、商务合同的履行

（一）商务合同的履行的含义

商务合同的履行是指商务合同生效后，当事人按照商务合同的规定，全面完成各自承担的义务。

商务合同的履行是商务合同法律约束力的具体表现，当事人应当按照约定全面履行自己的义务。当事人在履行义务时，应当遵循诚实信用原则，根据合同的性质、目的和交易习惯履行通知、协助、保密等义务。

（二）商务合同履行的原则

1. 实际履行的原则

指当事人按照合同约定的标的完成合同各自义务的原则。在履行合同过程中，要按照约定的标的来履行，不能用其他标的代替原合同标的履行。也就是说，对有效成立的合同，其约定的标的是什么，当事人就应该履行什么样的标的；实际履行标的，不能以其他方式代替原标的的履行。义务人如果不能按合同约定的标的履行，就要承担违约责任。如果合同的标的在合同履行之前不存在，或者是履行原合同约定的标的没有实际意义、或者履行原合同的标的已经没有必要，可以以其他方式来代替原合同标的的履行。

2. 全面履行原则

是指当事人按照合同约定的全部条款履行自己的义务。就是按照约定的数量、质量、价金、履行期限、履行地点全面完成合同约定义务的履行原则。

3. 协作履行原则

是指合同当事人不仅要履行自己的合同义务，同时应协助对方当事人履行合同义务的履行原则。

在合同的履行中，如果只有一方当事人的给付行为，没有对方当事人的接受，合同订立的目的仍不能实现。在技术开发合同、技术转让合同等合同中，债务人实施给付行为也需要债权人的积极配合，否则，合同的内容也不能实现。因此合同的履行不仅需要债务人的履行，同时也需要债权人配合，因此协助履行是债权人的义务。只有双方当事人在合同履行过程中相互协作，合同才会得到适当履行。

协作履行原则含有以下内容：

（1）债务人履行合同债务，债权人应适当接受。

（2）债务人履行债务时，债权人应给予必要的协作，提供方便。

（3）当债务人因故不能履行或不能完全履行义务时，债权人应积极采取措施避免或减少损失。

4. 经济履行原则

要求在履行合同时，讲求经济效益。在履行合同过程中要贯彻经济合理原则，债务人在履行债务时可以选择合理的运输方式，合同的履行期限履行合同义务，当履行原合同的费用超过原合同的价值时，可以适当考虑用其他方法来代替原合同的履行。

（三）商务合同内容约定不明确的履行规定

商务合同的条款应当明确具体，以方便合同的履行。但由于主观或客观的原因，有时商务合同的条款欠缺或约定不明确，在履行这些条款时，当事人可以达成补充协议；不能达成补充协议的，按照《民法典》的规定采取一系列补救措施。

（1）质量要求不明确的履行，按照强制性国家标准履行；没有强制性国家标准的，按照推荐性国家标准履行；没有推荐性国家标准的，按照行业标准履行；没有国家标准、行业标准的，按照通常标准或者符合合同目的的特定标准履行。

（2）价款或者报酬不明确的履行，按照订立合同时履行地的市场价格履行；依法应当执行政府定价或者政府指导价的，按照规定履行。

（3）履行地点不明确，给付货币的，在接受货币一方所在地履行；交付不动产的，在不动产所在地履行；其他标的，在履行义务一方所在地履行。

（4）履行期限不明确的，债务人可以随时履行，债权人也可以随时要求履行，但是应当给对方必要的准备时间。

（5）履行方式不明确的，按照有利于实现合同目的的方式履行。

（6）履行费用的负担不明确的，由履行义务一方负担；因债权人原因增加的履行费用，由债权人负担。

三、合同权利义务的终止

（一）合同权利义务终止的原因

合同权利义务终止是指合同当事人之间合同关系的消灭。原合同中约定的当事人之间的权利义务关系消灭。依据《民法典》规定，有下列情形之一的，债权债务终止：

（1）债务已经履行；

（2）债务相互抵销；

（3）债务人依法将标的物提存；

（4）债权人免除债务；

（5）债务的混同，即债权债务同归于一人；

（6）法律规定或者当事人约定终止的其他情形。

合同解除的，该合同的权利义务关系终止。

合同的权利义务终止后，当事人应当依照《民法典》的规定，遵循诚信等原则，根据交易习惯履行通知、协助、保密、旧物回收等义务。

（二）合同的解除

合同解除是指合同有效成立后，还没有完全履行之前，因当事人一方或者双方的原因而使合同权利义务终止的一种法律行为。

1. 约定解除

指合同当事人依法可以通过协商解除合同。《民法典》规定，经当事人协商一致，可以解除合同。当事人可以约定解除合同的条件。当解除合同的条件成立时，权利人可以解除合同。

2. 法定解除

这是指当事人之间的合同，因法定事由的出现，当事人依法行使合同解除权而解除合同。依据《民法典》规定，有下列情形之一的，当事人可以解除合同：

（1）因不可抗力致使不能实现合同目的；

（2）在履行期限届满之前，当事人一方明确表示或者以自己的行为表明不履行主要债务；

（3）当事人一方迟延履行主要债务，经催告后在合理期限内仍未履行；

（4）当事人一方迟延履行债务或者有其他违约行为致使不能实现合同目的；

（5）法律规定的其他情形。

法律规定或者当事人约定有解除权行使期限的，当事人在期限届满前不行使的，期限届满后，该权利消灭。法律没有规定或者当事人之间没有约定合同解除权行使期限的，如果经对方催告后在合理期限内不行使的，合同解除权消灭。当事人一方依照约定一方解除合同的条件成就或有前述解除合同的情形之一而当事人主张解除合同的，应当通知对方。合同自通知到达对方时解除。对方有异议的，可以请求人民法院或者仲裁机构确认解除合同的效力。

法律、行政法规规定解除合同应当办理批准、登记等手续的，依照其规定。合同解除后，原合同尚未履行的，终止履行；原合同已经履行的，根据实际情况和合同的性质，采取其他补救措施。合同权利义务关系的终止，原合同中结算和清理条款仍然有效。

四、违约责任的承担

（一）违约

违约责任是指合同当事人违反合同的约定所应当承担的法律责任。依法订立的合同，具有法律约束力，当事人应当按照合同的约定全面履行自己的义务，否则，就要承担违约责任。违约责任制度是保证当事人履行合同义务的重要措施，使合同具有法律约束力，有利于促进合同的履行和弥补违约造成的损失，对合同当事人和整个社会都是有益的。

（二）承担违约责任的原则

根据《民法典》规定，承担违约责任原则以严格责任原则为主，过错责任原则为辅。

严格责任原则是指合同当事人只要实施了违约行为就要承担违约责任，不需要考虑当事人主观上有无过错。依据《民法典》规定，当事人一方不履行合同义务或者履行合同义务不符合约定的，应当承担继续履行、采取补救措施或者赔偿损失等违约责任。也就是说，当事人实施了违约行为，不论合同当事人主观上有无过错，只要有违约行为，就要承担违约责任。

《民法典》规定的严格责任原则并不排斥过错责任原则的适用。过错责任原则，是指当一方不履行或不适当履行合同义务时，应以当事人主观是否有过错作为确定责任依据。如《民法典》规定，在旅客运输合同中，如果旅客随身携带物品的毁损、灭失、承运人有过错的，应当承担损害赔偿责任。

《民法典》还规定，当事人违约是不可抗力原因造成的，可以依据实际情况，部分或者全部免除当事人的责任，但法律另有规定的除外；如果不可抗力是在当事人延迟履行后发生的，则不能免除违约责任。不可抗力发生后，不能履行合同的一方，应当及时通知对方，以便对方采取必要措施，减轻可能给对方造成的损失，并应当在合理期限内提供证明。

当事人一方明确表示或者以自己的行为表明不履行合同义务的，对方可以在履行期限届满之前要求其承担违约责任。

（三）承担违约责任的主要形式

根据《民法典》的规定，承担违约责任的形式主要有：继续履行、赔偿损失、支付违约金、定金等。

1. 继续履行

继续履行是指一方当事人在拒不履行合同或者不适当履行合同的情况下，另一方不愿解除合同，也不愿接受违约方以金钱赔偿方式代替履行合同，而坚持要求违约方履行合同约定的给付的一种违约责任的承担方式。

继续履行在以下三种违约情况下适用：

（1）债务人无正当理由拒不履行合同，债权人可以要求其履行。《民法典》规定，当事人一方未支付价款或者拒酬的，对方可以请求其支付价款或者拒酬。

（2）债务人不适当履行合同，债权人可以请求继续实际履行。《民法典》规定，当事人一方不履行非金钱债务，或者履行非金钱债务不符合约定的，对方可以请求履行。

（3）债权人延迟受领的，债务人则可请求债权人履行受领债务人给付的义务。

依据《民法典》规定，有下列情形之一的，可以免除债务人继续履行的义务：

（1）法律上或者事实上不能履行；

（2）债务的标的不适于强制履行或者履行费用过高；

（3）债权人在合同期限内未请求履行。

2. 赔偿损失

当事人一方不履行合同义务或者履行合同义务不符合约定的，在履行义务或者采取补救措施后，对方还有其他损失的，应当赔偿损失。

赔偿损失的金额应当以因违约所造成的损失为限，包括权利人的直接损失和间接损失，但不得超过违反合同一方订立合同时预见到或者应当预见到的因违反合同可能造成的损失。

当事人一方违约后，非违约方应当采取适当措施防止损失的扩大；如果没有采取适当措施，而放任损失扩大的，不得就扩大的损失要求赔偿。当事人因防止损失扩大而支出的合理费用，由违约方承担。

3. 支付违约金

违约金是指由当事人通过协商预先确定或者法律直接规定的，当一方违约时，违约方向对方支付的一定数额的货币。《民法典》规定，当事人可以约定一方违约时应向对方支付一定数额的违约金，也可以约定违约责任发生后违约金的计算方法。

如果约定的违约金过分低于造成的损失的，债权人可以请求人民法院或者仲裁机构予以增加；如果约定的违约金过分高于造成的实际损失的，债务人可以请求人民法院或者仲裁机构予以适当减少。

当事人就延迟履行支付违约金的，违约方支付违约金后，非违约方要求继续履行合同的违约方应当继续履行。

4. 定金

定金是指合同当事人约定一方事先向对方所支付的一定数额的货币，以担保合同的履行。《民法典》第五百八十七条规定，债务人履行债务的，定金应当抵作价款或者收回。给付定金的一方不履行债务或者履行债务不符合约定，致使不能实现合同目的的，无权请求返还定金；收受定金的一方不履行债务或者履行债务不符合约定，致使不能实现合同目的的，应当双倍返还定金。

因此当事人为了避免失去定金或者加倍返还定金，就必须严格履行已经生效的合同，从而起到合同担保的作用。

《民法典》规定，如果当事人既约定有违约金，又约定有定金的，一方违约时，非违约方可以选择适用违约金或者定金条款，即定金和违约金条款不能同时适用。

 **素养园地**

惨痛的代价

20世纪80年代末期，一位华人来到北京，想和我国某工艺品出口部门合作景泰蓝工艺品的代理业务，并自称在中国香港、中国台湾地区及东南亚国家有大宗客户，与欧美客户有广泛联系。

中方接待人员均表示愿意与之合作。"对所有惠顾的客商，我们一概提供方便，尽心服务。"中方接待人员答道。代理商说"我们是不是先谈谈合作意向？比如我要是订购3 000万元人民币的景泰蓝工艺品，贵方能否在单价上给予优惠？"

"3 000万元？"接待人员对这样大的买主自然希望合作，于是建议说"我可以跟厂方联系一下，争取以批发价出售，这样在单价方面就会有些优惠了。""很好！明天请厂方也来，还请贵方准备一份批发价目明细表，我希望尽早达成合作意向。"

第二天下午，谈判既简短又出乎寻常的顺利，代理商看着批发价目表，挑出热门品稍作还价便逐项通过，双方很快达成3 000万元的订购意向书。代理商和厂方代表十分高兴，希望订购意向变为实质性的购销合同。

当晚，宴席在宾馆中举行，由中方人员款待。代理商起身举杯："我代理过非洲的木雕、爱斯基摩人的海象牙雕，此番经营祖国的景泰蓝工艺品，我感到很高兴。我根据以往的经验，要把这桩买卖做好，必须在广告、宣传中狠下功夫。我以为，对景泰蓝的民族特色，应做一番工艺背景的介绍和制作流程的说明。为此，我有一个小小的请求。"

"有话请讲，只要能办到的，尽力配合。"中方代表满口答应。代理商说："我想参观一下景泰蓝的制作过程，将以目睹的事实向客户介绍中国工艺品，激发欧美顾客的购买欲望，不知道我的想法能否行得通？""符合情理，我方将给予满足并作妥善安排。"中方代表表示肯定。

参观工艺品制作的时间用了整整一天。代理商一处不漏地细细察看了景泰蓝工艺品制作的全部过程，并不停地提问。对中方代表的解释，他频频发出赞叹，连连举起照相机。两天后，代理商表示确认后再签购买合同，但从此一去不复返，留下的那份3 000万元的"购货意向书"自然成了一纸空文。然而不久，标有英文字样"某国制造"的景泰蓝工艺品，在中国香港、中国台湾地区和东南亚国家的市场上相继出现，其工艺制作不亚于中国货，但产品时尚，符合流行潮流，成了我国出口产品强劲的竞争对手。

（资料来源：李荣建，宋和平．《谈判艺术品评》．武汉：华中理工大学出版社，2002.）

思考：

（1）这位华人代理商的这种"洽商"是不是一种"盗窃"行为，这符合职业道德吗？

（2）从本案例中，你觉得有哪些教训需要吸取？

素养提示：

这是一种商业间谍行为，对方这样做，肯定是违反商业道德的。但是由于我方缺少防范措施，又没有充分证据，只能干吃"哑巴亏"。

同步训练

一、单选题

（1）谈判者提议订购一笔少量廉价的样品，或者无偿试用，这种成交方法是（　　）。

　A. 让利促成法　　　　　　　　　　B. 试用促成法

　C. 比较促成法　　　　　　　　　　D. 优惠促成法

（2）商务谈判签约的座次安排，下列说法中（　　）是正确的。

　A. 男左女右　　　　B. 以右为尊　　　　C. 以左为尊　　　　D. 不分左右

（3）下列情景属于商务谈判中的（　　）。

买方："我不喜欢这个产品的颜色。"

卖方："如果我们更换你们满意的颜色，您能决定吗？"

　A. 优惠促成法　　　　　　　　　　B. 利益促成法

　C. 诱导促成法　　　　　　　　　　D. 假设成交法

（4）关于签约仪式下列（　　）项的说法是错误的。

　A. 注意服饰整洁、搭配

　B. 签约者的身份和职位双方应对等

　C. 签字者应先让对方在自己一方保存的文本左边首位处签字，然后再交换文本

　D. 双方举杯共饮香槟酒时，不能大声喧哗叫喊

（5）下列关于商务谈判签约的说法，（　　）项是错误的。

　A. 商务谈判的参加人和签约人数量应该对等

　B. 各方签约人的身份应大体相等

　C. 一般主谈人就是签约人

　D. 如果要增加其他成员应征得对方的同意

（6）下列（　　）项不是商务合同的特征。

　A. 商务合同是商务主体之间订立的具有商务性质的合同

　B. 商务合同必须遵守国家法律规定，符合国家政策和方针要求，有时，还须遵守国际条约和国际惯例

　C. 商务合同是以实现某种经济利益为目的

　D. 商务合同一般应采用书面形式或口头形式

（7）下列情景属于商务谈判中的（　　）。

卖方："这种洗衣机对用户来说是值得的，您说对吗？"

买方："对。"

　A. 让利促成法　　　　　　　　　　B. 诱导促成法

　C. 检查性提问促成法　　　　　　　D. 优惠促成法

（8）如果对方在谈判中出现（　　）项的情况，那就是说明他已产生成交的意图了。

　A. 向你询问产品质量项的情况　　　B. 向你打听产品价格

　C. 让你把价格说得确切一些　　　　D. 肯定产品质量

二、多选题

（1）商务谈判的终结方式包括（　　　）。

A. 成交　　　　　　B. 中止　　　　　　C. 破裂

D. 有约中止　　　　E. 无约期中止

（2）进入谈判结束阶段时，要把握好成交机会。及时促成交易的策略包括（　　　）。

A. 主动暗示　　　　B. 提供选择　　　　C. 分析机会　　　　D. 利益劝诱

三、简答题

（1）成交应具备的条件有哪些？

（2）成交促成的策略有哪些？

（3）商务合同的内容有哪些？

（4）合同担保的主要形式有哪些？

 课后实训

一、实训概要

本次实训的目的是掌握商务谈判终结与签约具体内容，学生按照实训步骤，分析与运用商务谈判终结与签约的技巧，完成实训内容。通过对商务谈判终结与签约的内容进行认知学习，使学生熟悉商务谈判合同的具体内容，能够掌握商务谈判终结与签约技巧。

二、实训素材

计算机、商务谈判终结与签约背景资料、PPT 等。

三、实训内容

分析 A 房地产公司与住户达成的商品房买卖合同的有效性。以小组为单位，分别就合同双方，即 A 房地产公司与住户，对买卖合同的有效性进行辩论；分析双方在买卖合同中的权利与义务，重点是辩论买卖合同条款的法律效应及签约技巧。

背景资料：2016 年，A 房地产公司建设了商住两用房 100 套，其中 10 套向社会公开出售。为能获批，A 房地产公司当时以学生公寓的名义进行了报批立项。如此取得开发许可证后，A 房地产公司又以商住两用房的名义以每套 24 万元的价格卖给了当地 10 户老百姓，双方口头达成了商品房买卖合同。购房人一次性向 A 房地产公司实际缴纳了购房款 24 万元，A 房地产公司向其开具了收据。此房建成，买主入住以后，A 房地产公司又以为买主办理产权证、土地使用权证等名义收取了办证费 1.5 万元。但是，由于起初在报批手续上存在问题，虽经房主们多次催促，但 A 房地产公司始终未能为房主们办得任何证照。

无证居住 5 年以后，令 10 户老百姓意想不到的是，2022 年 10 月，A 房地产公司突然通知 10 户房主，由于报批手续不合法，房屋买卖行为无效，A 房地产公司要将已经出售的 10 套商住楼房全部收回，而 10 户房主只能取回当时的购房款 24 万元及办证手续费 1.5 万元，限期搬离此房。经了解，A 房地产公司已将此房又卖给了 B 房地产开发公司。时隔 5 年之久，经有相应资质的评估机构评估，此房现实际价值为 73 万余元。10 户老百姓面临被赶出赖以生存和生活的居住场所，同时只能拿到相当于现实房屋价值三分之一的"赔偿"，无奈之下，将 A 房地产公司告上了法庭。

实训具体要求：

以小组为单位，组成辩论的双方，采用模拟的形式，对合同争议进行模拟辩论。具体内容包括以下两个方面：

（1）买卖合同双方的争议观点要明确。

（2）辩论双方的论据要有法律支撑。

项目七　商务谈判沟通

知识目标

（1）了解沟通、有效沟通。

（2）了解商务谈判沟通的定义。

（3）熟悉倾听的效应。

能力目标

（1）掌握沟通的形式及过程。

（2）掌握倾听的方法。

（3）掌握商务谈判中的语言技巧。

（4）掌握常见的提问类型及回答的技巧。

素养目标

（1）作为市场营销专业人员，不仅要有应对问题和挫折的能力，还要学会与客户、同事、合作伙伴和供应商建立良好的人际关系。

（2）增强读者的法律意识，养成良好的职业道德。

思维导图

任务引入

旅游的那点事

有一对中年夫妇去英国看望女儿。作为中年妇女来说，是第一次去英国，所以丈夫就决定带她去参观温莎古堡。那天不知道什么原因，排队买票的人特别多。大家正在着急时，不远处又增加了一个售票点，负责维持秩序的警卫人员提醒说"各位，对不起，前面刚好有两个观光团，所以动作慢了一点。现在已经紧急叫我们另外两个吃饭的同事马上过来帮忙卖票，希望大家少安毋躁！少安毋躁！"后来这对中年夫妇进到温莎古堡去参观的时候，发现里面有不少这样的牌子，上面写的是"从这里到门口还有五分钟"，再过来一段路又插了个牌子，上面写的是"从这里到门口还有十分钟"，意思就是"各位观光游客，不要太急"！

无论游客在哪里排队买票，都会因为太慢而心中着急，这时不论派人出来解释一下，还是在园内出现提示游客的牌子，这都叫做主动反馈。

案例思考

（1）请结合案例，谈谈你在旅游景点遇到最尴尬或最不满意的情景是什么？

（2）请结合案例，假如你是旅游景点的工作人员，遇到游客很多的情况下，你会怎么做？

任务一　商务谈判沟通概述

沟通是一门很基本但却是每一个人都必须学会的学问，人与人相处的方方面面都要沟通，包括我们在工作中与领导、与同事、与客户间的沟通，也包括在生活中与家人、与友人和与所有其他要接触到的人之间的沟通。同样，在商务谈判中，沟通是基础，并贯穿始终。它既是谈判的前奏，更是巩固谈判成果必不可少的条件，它是商务谈判成功的关键。因此，我们有必要认识它，并利用它更好地为谈判服务。

一、沟通的定义及过程

（一）沟通的定义

沟通，原意为通过开沟使两水相通。在英文中，"communication"这个词，在被译为沟通的同时，还往往被译作交流、交往、通信、传达、传播等。虽然这些词在具体的使用中有细微的差异，但它们在本质上都涉及信息的交流与交换。一般来讲，沟通就是发送者凭借一定渠道（亦称为媒介或通道），将信息传递给既定对象（接收者），并寻求反馈以达到相互理解的过程。关于沟通的定义，我们要从3个方面来进行理解：

1. 沟通的目的性

人们在进行不同的沟通活动时会具有不同的目标，沟通可以达到将心比心的目的，让对方站在别人的角度去思考问题，把沟通进一步升华，从而达到预先设定的目标。没有目的的沟通会盲目而无效率，达不到沟通的效果和作用。因此，永远不要忘记沟通的目标是什么，也不要轻视沟通的每一个细节。

2. 沟通是一个双向、互动的反馈和理解过程

这个过程实际是沟通的核心内容部分。沟通是人们在互动过程中，通过一定的途径和方式，将一定的信息从发送者传递给接收者，并获得理解的过程。要使沟通成功，信息不仅需要被传递，还需要被正确理解，这是双方达成协议的基础，因此，有人说"谈判就是沟通"。

3. 沟通具有多种方式

有口头沟通、书商沟通、电子媒介沟通等。每种方式都有自身的特点，我们要善于利用各种方式。

21世纪是一个充满激烈竞争的时代，作为商务人员，不仅要有应对问题和挫折的能力，还要学会与客户、同事、合作伙伴和供应商建立良好的人际关系。因此，提升沟通艺术，并对人际关系进行良好的运作，就成为事业成功的重要保证。沟通并不是一种本能，而是一种能力。也就是说，沟通不是人天生就具备的，而是在工作实践中培养和训练出来的。

（二）沟通的过程

沟通是一个信息传递的过程，一般来说，一个完整的信息沟通过程包括六个环节：

1. 信息策划

信息是沟通的基础，在头脑中形成清晰、完整、有条理的信息是良好沟通的开始。信

息策划就是对信息进行收集、整理、分析的过程，由信息的发送者来完成。

2. 信息编码

信息编码指信息发送者以某种形式（便于传达）来表达信息的内容。编码最常用的是口头语言和书面语言，同时还可以借助于肢体语言和动作等，并且还要根据国情或文化背景的不同选择合适的编码语言。

同步案例 7 - 1

选择最优的沟通方式

某酒店新进员工小王进店一个月以来，一直不能单独上岗，他自己也很着急，经常加班加点"恶补"到很晚，张经理见状，便找其谈话，小王一进办公室，脸涨得通红，支支吾吾，半天答不上一句话，谈话继续不下去了。

张经理找来班组主管全面了解小王的情况之后，心中有了底。第二天，张经理直接到班组找小王，在空闲时将其叫到一旁与其交谈，从其家庭、学习情况，到其对酒店岗位的认识和了解，慢慢地，小王打开了心扉，话也多了起来，他认识到，原来与上级交流也不是件难事。从此，小王在工作上进步很快，不久就能单独上岗了。

3. 信息传递

通过一定的传输媒介将信息从一个主体传输到另一个主体。信息的传递必须依靠一定的渠道，不同的沟通渠道适用于传递不同的信息。选择的渠道不一样，传递的效果也就不一样。

同步案例 7 - 2

夫妻之间的沟通轶事

有对夫妻吵架，完了谁也不理谁，谁也不愿先说一句话。丈夫有睡懒觉的习惯，平时都是妻子喊他，这次他怕误事，因为明天有个重要的会议，但又不好意思张嘴提醒妻子，于是就写了个纸条"明天7点钟别忘了叫醒我！"，放在妻子的梳妆台上。妻子看了没吭气。丈夫第二天一觉醒来发现已经8点了，就大声问妻子"你怎么不叫醒我！"，而妻子回答道："7点钟的时候我给你写了条子，你怎么不看？"丈夫一看枕边，果真有个纸条"已经7点了，快起来！"，丈夫说"你喊我呀，写纸条有什么用！"，妻子说："你给我的不也是条子吗？"

4. 信息接收

信息通过一定的传输渠道送达到接收者。在这一过程中注意避开传递中的障碍，如沟通渠道选择不当，或沟通渠道超载、沟通手段出问题等，都会导致信息传递的中断、失真或无法传递至接收者。

5. 信息解码

信息解码指信息接收者对接收到的信息所做出的解释、理解。信息解码包含两个层次：一是还原为信息发出者的信息表达方式；二是正确理解信息的真实含义。只有当信息接收者对信息的理解与信息发送者传递的信息的含义相同或相近时，才可能实现正确的信息沟通。

6. 信息反馈

信息的接收者在获得信息后或根据信息采取行动后根据自己的理解、感受和经验提出自己的看法和建议。它可检验信息沟通是否有效，能够检查和纠正可能发生的某些偏差。

二、沟通的形式

沟通按不同的标准可以分为以下几种形式：

（一）按照功能来划分，分为工具式沟通和感情式沟通

一般来说，工具式沟通指发送者将信息、知识、想法、要求传递给接收者，其目的是影响和改变接收者的行为，最终实现组织目标。感情式沟通指沟通双方表达情感，获得对方精神上的同情和理解，最终改善相互间的人际关系。

同步案例 7 - 3

遇难求救时的有效沟通

有一条船在海上遇难了，有三个幸存者被冲到三个相距很远的孤岛上。第一个人大声呼救，但周围什么也没有。第二个人也高声呼救，恰好一架飞机飞过天空，但飞机上的人听不到他的声音。第三个人在呼救的同时点燃了一堆篝火，飞机上的人发现了孤岛上的浓烟，通知海上救护队把他救了出来。

动画视频：遇难求救时的有效沟通

（二）按照方法来划分，分为口头沟通、书面沟通、非语言沟通、电子媒介沟通等

沟通方式的比较如表 7-1 所示。

表 7-1　沟通方式的比较

沟通方式	举例	优点	缺点
口头沟通	交谈、讲座、讨论、电话联系、演说等	传递速度快、反馈速度快、信息量很大	传递中经过层次越多，信息失真越严重。事后无依据，核实困难
书面沟通	报告、备忘录、信件、报刊、通知等	持久、正式、有形，可以核实	花费时间多，有可能词不达意
非语言沟通	光信号（红绿灯、旗语、图形）、体态（手势、肢体动作、表情）、辅助语言、空间运动（身体距离）等	信息意义明确，内涵丰富、含义隐含灵活	传送距离有限，界限含糊，只可意会，不可言传
电子媒介沟通	传真、闭路电视、计算机网络、电子邮件、手机等	传递速度快、信息容量大、传递距离远、一份信息同时传递多人	成本比较高，但看不到表情

（三）按照组织系统来分，分为正式沟通和非正式沟通

正式沟通是通过正式的组织程序，依照组织结构进行的信息沟通。一般来说，正式沟

通是在组织系统内，依据组织明文规定的原则进行的信息传递与交流。例如，组织规定的汇报制度、定期或不定期的会议制度、上级的指示按组织系统逐级下达、或下级的情况逐级上报等。非正式沟通指正式组织途径以外的信息流通过程。它不按照正式的组织程序进行，不需要事先安排，具有很强的随意性和自发性。例如，同事之间的任意交谈，讨论某人某事、各式传闻及小道消息等。

同步案例 7 - 4

非正式沟通

小道消息自古以来就有一个坏名声，人们通常把它定性为"在人家背后说坏话"或"恶意的诽谤"。2000年，芬兰赫尔辛基大学的研究员伊尔波·科斯基宁将"小道消息"作为一个课题进行了研究，发现"小道消息"的内容一定是参加议论的人都了解或至少对此有相当程度上的了解，这样每个人就可以把自己知道的有关这个人的事说出来。如果需要的话，甚至还可以对证说出这些事是否真实。科斯基宁说，研究结果证实，小道消息虽有诽谤性，但其中不乏积极的因素。如果没有小道消息，我们将对身边发生的事知之甚少。把一些"小道消息"记录下来进行分析后发现，积极和消极的东西在数量上通常是差不多的。

（四）按照沟通方向来划分，可分为下行沟通、上行沟通和平行沟通

下行沟通指上级以命令的形式将信息传达给下级，是自上而下的沟通，它是保证组织工作进行的重要沟通形式。例如，命令的发送、计划的下达等。上行沟通指下级将信息传达给上级，是自下而上的沟通。例如，请示、汇报、意见申述等；平行沟通指同级之间（平级之间）的信息传递，这种沟通也称为横向沟通。例如，高层管理者之间、中层管理者之间、基层管理者之间所发生的沟通。

（五）按沟通是否进行反馈和在沟通中的地位是否交换来分，可分为单向沟通和双向沟通

单向沟通指没有反馈的信息传递，信息的发送者和传递者在沟通中的地位不变。例如，作报告、演讲、命令等。

双向沟通指有反馈的信息传递，是信息发送者和接收者相互之间进行的信息交流且在沟通中地位不断变化。例如，交谈、协商等。单向沟通与双向沟通的优缺点比较如表7-2所示。

表7-2 单向沟通与双向沟通的优缺点比较

因素	结果
时间	双向沟通比单向沟通需要更多的时间
信息理解的准确程度	在双向沟通中，接收者理解信息发送者意图的准确度大大提高
接收者和发送者的自信程度	在双向沟通中，接收者和发送者都比较相信自己对信息的理解
满意	接收者比较满意双向沟通，发送者比较满意单项沟通
噪声	由于与问题无关的信息较容易进入沟通过程，双向沟通的噪声比单向沟通要大得多

三、有效沟通

沟通必须目的明确、思路清晰、注意表达方式。在信息交流之前，发送者应考虑好自己将要表达的意图，抓住中心思想。在沟通过程中要使用双方都理解的用语和示意动作，并恰当地运用语气和表达方式，措辞不仅要清晰、明确，还要注意情感上的细微差别，力求准确，使对方能有效接收所传递的信息。

沟通要选择有利的时机，采取适宜的方式。沟通效果不仅取决于信息的内容，还要受环境条件的制约。影响沟通的环境因素很多，在不同情况下要采取不同的沟通方式，要抓住最有利的沟通时机。时机不成熟不要仓促行事，贻误时机，会使某些信息失去意义，沟通者应对环境和事态变化非常敏感。

（一）有效沟通的定义

所谓有效沟通就是指发出的信息与对方收到的信息在内容上能达到相互一致或基本上相接近。

同步案例 7 – 5

课堂上的尴尬

某大学商学院的一位教授去非洲给土著人讲课。为了表示对土著人的尊敬，他西装革履、一本正经。可一上讲台便直冒汗，是天热吗？不是，原来土著人以最高礼仪在听课——不论男女全部都一丝不挂，只戴着项圈，凡私处只用树叶遮挡。

第二天，为了入乡随俗，教授只好一丝不挂走上讲台，只戴个项圈，私处也用树叶遮挡。可这一天也让他直冒汗，原来土著人为了照顾教授的感情，吸取了头一天的教训，全部都是西装革履，一本正经，只有教授一个人光着身子在台上。直到第三天，双方才做了很好的沟通，台上台下全穿西装，教授在台上才没再冒汗。

（二）有效沟通障碍

1. 语言障碍

语言障碍是指语言表达不清、使用不当，造成理解上的困难或产生歧义。这在大公司和跨国公司中十分常见。由于地域、文化、生活方式等的不同，语言可分为多个不同的语系（如印欧语系、汉藏语系等）；语系内部又分为若干语族（如印欧语系又分为印度语和日耳曼语等）；即使是同一语族，也会由于地方不同而演变成不同的方言（如我国汉语又分为北方话、闽南话、粤语等）。如此多的语言种类，沟通时必然存在障碍。

2. 心理障碍

心理障碍是指个性特征或个性倾向所造成的沟通障碍。人的行为是受其动机、心理状态影响的，现实的沟通活动常为人的态度、个性、情绪等心理因素所影响，有时这些心理因素会成为沟通中的障碍。如很多人在沟通过程中，或根据先入为主的印象，或依据心中的成见，或凭着个人的推测，在尚未完全了解事实或信息的全部含义时，匆匆下结论，如干部是什么样，教师是什么样，北方人是什么样，南方人是什么样等。还有些人处于极端情绪之中，如狂喜或悲痛，都可能阻碍有效的沟通。

3. 组织障碍

大量实验表明，人们自发的沟通往往发生在同地位的人之间。因为员工对主管存在惧怕心态，一般不会与主管主动沟通；而一般主管潜意识中轻视员工的意见，甚至下意识地希望员工不要提出太多的问题或建议。因此，有的主管常做出表面忙碌的样子，借此减少与员工接触的机会。

组织的结构同样重要。有些组织庞大，层次重叠，信息传递的中间环节太多，会造成信息的损耗与失真。组织结构不健全，沟通渠道堵塞，也会导致信息无法传递。组织内信息的传递及流失占比如表7-3所示。

表7-3　组织内信息的传递及流失占比

角色	原始信息占比/%	流失占比/%
总经理	100	0
副总经理	66	34
经理	56	44
厂长	40	60
领班	30	70
员工	20	80

4. 文化障碍

不同文化背景的人进行沟通时，无论是商务或非商务，常因习俗不同产生沟通障碍。如俄罗斯的新型资本家很难与英国、加拿大的客户交谈，因为他们难以准确把握英语中的效率、自由市场等词汇的准确语义。

男女沟通风格的差异往往造成两性之间出现沟通障碍。女性喜欢面对面的交谈，而男性则喜欢并排坐下来，共同注视他们前边的某一点。男性与女性交谈实际上是一种跨文化沟通。一项研究表明，在工作场所，与男性员工相比，女性员工向上级发出的信息比较少，同时所承受的信息负担也比较小。

5. 时间压力障碍

如果信息接收者只有很短的时间接收和理解信息，就可能造成接收不全或产生误会。

6. 信息过多的障碍

随着科技的进步，管理者从互联网或其他途径获得的信息量大大增加，如果对大量的信息不进行系统管理，就会使管理者一时无所适从，难以选择，分不清主次，甚至被信息"淹没"。按照上面的理论，很难想象一个70岁的俄罗斯男性主管与一位25岁的美国女性员工的沟通可以顺利进行。而事实上，许多跨国公司做到了，并且十分出色。面对这样错综复杂的沟通障碍，我们并不是束手无策的。美国管理协会曾提出过一套沟通建议，被称为"良好沟通的十项建议"：

（1）沟通前先澄清概念。管理人员在沟通之前必须有系统地思考、分析，将需要沟通的信息，受讯人及可能受到此项沟通影响的人员可能做出的反应一起思考，务必先澄清概念，做到"心中有数"。

（2）检查沟通的真正目的。管理人员必须弄清做这项沟通的真正目的是什么，把沟通的目的确定了，则沟通的内容也就容易规划了。

（3）考虑沟通时的一切环境情况。包括沟通问题的背景、社会环境以及过去的沟通情况等，以便使沟通的信息得以与环境情况相吻合。

（4）计划沟通内容时，应尽可能取得他人的意见与他人商议，既可以获得更深入的了解，也易获得其他人的积极支持。

（5）沟通时应注意内容，同时也应注意语调。因为受讯者不但受信息内容的影响，而且也受语调的影响，如语调的轻重缓急、抑扬顿挫，都应恰到好处。

（6）尽可能传送有利的信息。但凡一件事情，对人们有利者，最易记住。因此，管理人员如希望下属能记住他的信息，则在传递表达信息时，应使信息尽可能适合对方的利益和需要。

（7）应有必要的反馈跟踪与催促。信息沟通后，必须及时设法取得反馈，以弄清下属是否确已了解，是否愿意遵行，是否已采取了相适应的行动等。

（8）沟通时不仅要着眼于现在，还应着眼于未来。大多数的沟通，均求切合当前情况的需要，但是，沟通也不应忽视与长远的目标相配合。

（9）应该言行一致。如果管理人员言行不一，那么，他就等于推翻了自己的指令。

（10）应该成为一个"好听众"。经理人在听取他人的陈述时，应专心致志，成为一个"好听众"，这不仅是尊重他人之举，而且只有这样才能了解对方说话的意图。

任务二　商务谈判沟通技巧

商务谈判实际上是一种对话，在这个对话中，双方说明自己的情况，陈述自己的观点，倾听对方的提案、发盘、并作反提案、还盘、互相让步，最后达成协议。也就是说，商务谈判的过程其实就是谈判各方运用各种语言进行洽谈、沟通的过程。掌握谈判沟通技巧，就能在对话中掌握主动，获得满意的结果。这个谈判沟通技巧就是听、问、答。怎样听、如何问、如何答，贯穿于商务活动的整个过程。

一、倾听的技巧

（一）倾听的效应

有位哲人曾说过"造物主之所以赐给我们两只耳朵与一张嘴巴，恐怕就是希望我们多听少说吧"。eBay 公司 CEO 惠特曼（Meg Whitman）独门的沟通技巧就是说话之前先倾听。惠特曼非常鼓励网站的使用者给予公司回馈，对于使用者的意见，她不只是倾听，并且愿意采取行动。由此可见，商务谈判中倾"听"是非常重要的一个环节。

具体地说，倾听在商务谈判中的效应主要表现在以下两个方面：

1. 倾听有助于了解对方的立场、观点、态度，明白对方的意图和需要

有效地倾听可以使我们了解对方的需求，找到解决问题的新办法，修改我们的发盘或还盘。"谈"在前，"判"在后，而"听"则是一种能力，甚至可以说是一种天分。"会听"是任何一个成功的谈判人员都必须具备的条件，一个成功的谈判人员，在谈判时要把50%以上的时间用来听。

听人说话，大致分为三个过程。第一是开始倾听，第二是用心倾听，第三是听了以后的反应。在聆听对方谈话时，必须充分发挥这三个过程，也就是说，你必须让说者把全部的话说出来，然后用心揣摩说者的言语，以更好地理解说者的意图。

同步案例 7 - 6

汽车推销体验

汽车推销之王乔·吉拉德曾有过一次深刻的体验。一次，某位名人来向他买车，他推荐了一种最好的车型给他。那人对车很满意，眼看就要成交了，对方却突然变卦而去。乔为此事懊恼了一下午，百思不得其解。到了晚上11点，他忍不住打电话给那位名人"您好！我是乔·吉拉德，今天下午我曾经向您介绍一款新车，眼看您就要买下，却突然走了，这是为什么呢？"；"你真的想知道吗？""是的！"；"实话实说吧，小伙子，今天下午你根本没有用心听我说话。就在签字之前，我提到我的儿子吉米即将进入密执安大学读医科，我还提到他的学科成绩、运动能力以及他将来的抱负，我以他为荣，但是你却毫无反应。"

2. 倾听有助于给对方留下良好印象，从而改善双方的关系

我们知道人都有自我表现欲，更喜欢别人倾听。一旦有人倾听，说者更热情，更起劲，在谈判中，我们要尽量鼓励对方多说，这样说者能够产生愉快、宽容的心理，对倾听者产生信赖和好感，而倾听者也将得到更详尽的信息，有利于更好保持双方的关系。

（二）影响倾听的因素

一般人的正常说话速度是每分钟 125~200 字，但是，倾听者平均每分钟可以接收 400 字以上的信息。这使人们在倾听的时候留给大脑很多空闲时间，使其有机会神游四方。面对大多数人来说，这也意味着使他们养成了很多坏习惯来利用"这段空闲时光"。据研究表明，真正懂得倾听的人不到 25%，因为很多人认为听是一种被动的行为，他们如果不参与谈话还可能会感到无精打采、烦闷。

人们不去听的真正原因是"如果他们这样做了，他们就不得不受外界新信息的影响，他们必须面对别人对世界的看法"。在这些新知识和新感悟的基础上，他们就必须改变自己原有的观点和已经形成的看法。而对很多人而言，他们是不愿意改变他们一贯的思维方式的。以下几个方面会影响听的效果：

1. 身体本身不适

由于谈判日程安排紧张或谈判人员得不到休息，导致身体不适、精神不佳、注意力下降，这会影响一个人听的能力和他对说话者的注意程度。

2. 扰乱

如电话铃声、打字机声等一切来自物质环境的声音可能会打断沟通过程。

3. 心中另有他事

如惦记着其他的会议、文件或报告都会阻碍听力。

4. 事先已有问题的答案

对别人提出的问题自己已形成了答案或者总是试图阻止他们要提出的问题，这些都会影响你专注去听。

5. 厌倦

对某人有厌倦感，因此在他有机会谈话之前你已经决定不去听他会说些什么了。

6. 总想着自己

心中总是充斥着自己，则必然要破坏沟通。

7. 个人对照

总是认为别人在谈论自己，即使并非如此，也这么认为。

8. 个人水平

谈判人员受知识、语言水平的限制，特别是专业知识与外语水平的限制而听不懂、听不明白等。

9. 有选择地听

仅仅听取别人所说的话中与自己相异的观点，同样会影响全部内容包含的意义。

善听在所有方式的沟通中都是很重要的。它不是消极的行为，而是积极的行为。听者对于交谈的投入绝不亚于谈话者，如果你不竭力去听懂他人，是不可能成为优秀的领导者和谈判者的。

（三）如何倾听

当然，要很好地倾听对方谈话，并非像人们想的那样简单。专家的实验证明，倾听对方的讲话，大约有 1/3 的内容是按原义理解，1/3 被曲解地听取了，1/3 则丝毫没听进去。

英国谈判家比尔·斯科特指出，倾听取决于积极的态度、谈判者的相互影响、集中精力和恰当的提问。可见，倾听就是积极倾听而不是消极倾听，即不仅要尽可能完整地接受说者的话，还要理解他的情感；不仅认真地听，也包含着适时地问。所以，一个商务谈判者要做到积极倾听，就要做到以下四点：

1. 多听、全听、恭听

多听不仅是尊重对手的具体体现，而且是了解对方、获取信息、发掘事实真相和探索对方动机与意见的重要手段，假如谈判中我们说得越少，而对方说得越多，也就是我们听得越多，那么我们在谈判中就越容易成功。全听能够全面、完整、准确地听取对方讲话的内容，理解其含义，为此，一要抱着积极的而非消极排斥的态度去听。在谈判中，对方的发言有时不太合理，甚至难以让人接受，但作为一名谈判人员应有耐心听下去的涵养，不要动辄表露出你的反感和厌恶，甚至故意不听，因为这样做对谈判不利。二要做到保持旺盛的精力，集中精神地听。三要克服先入为主的做法，有耐心听而不要急于反驳。四要站在谈判对方的立场上去听全、听透。在商务谈判中，为了表达出对对方发言人的尊重、关注和兴趣，要做到全神贯注地听。

2. 鼓励、理解、激励

面对讲话者，尤其是没有经验、不善演讲的谈话者，需要用微笑、目光、点头等赞赏的形式表示呼应，显示出对谈话的兴趣，促使对方继续讲下去。在对方讲话时，可以用"是""对"等表示肯定，在停顿处，也可以指出讲话者的某些观点与自己一致，或者运用自己的经历、经验，说明对讲话者的理解，有时可以适当复述，这些方式都是对讲话者的积极呼应。适当地运用反驳和沉默以激励谈话。

3. 做好记录

做笔记在谈判过程中是必不可少的。一方面，有了笔记不仅可以帮助记忆，而且有助于在对方发言完毕之后，就某些问题向对方提出质询，同时自己也有时间作充分的分析与把握。另一方面，听众记笔记或者停笔抬头来看看发言者，会对发言者产生一定的鼓励作用。

4. 适时复述与提问

把握商务谈判的技巧是多听少说，避免中间打断说话者。然而这不等于听者就不说，相反，恰如其分地说，包括复述与提问，都是积极倾听的要求。因为这样，一可强制自己倾听而不走神，二可使说话者知道你在倾听，三可以检验自己理解的准确性。不能否认，说话者也会利用说话的机会向你传递错误的信息或是对他有利的情报。这就需要倾听者保持清醒的头脑，根据自己所掌握的情况，不断进行分析、辨别，确定哪些是正确的信息，哪些是错误的信息，哪些是对方的烟幕，进而了解对方的真实意图。

总之，倾听是商务谈判沟通的重要组成部分，要掌握谈判的技巧，就必须学会倾听、善于倾听，这是对一个优秀谈判者的基本要求。

二、叙述的技巧

叙述，就是讲述自己的观点或说明问题。根据谈判活动的发展过程，谈判中的叙述技巧主要包括谈判入题叙述的技巧、谈判中叙述的技巧和谈判结束叙述的技巧。

（一）谈判入题的叙述技巧

采用适当的入题方法有助于消除紧张心理，激发对手的兴趣，使对手变成热心的参与者，轻松而高兴地开始会谈。

同步案例 7 - 7

退休之沟通技巧

对于一个人事部门负责人来说，最困难的工作之一就是劝告职员提早退休，有位人事经理的做法就比较高明。他在走廊里偶尔碰到年事已高的职员，就以亲切的态度邀请对方谈谈，两人约定下班后挑个清静的地方见面。

见面后，人事经理不露痕迹地提到公司所面临的困难局面，以及凡事都可能发生变化的道理。他表示在发表自己的意见之前，想先听听这位职员的意见。不过他补充一句，请对方慢慢考虑，然后，他就改变话题和对方闲聊。这位被劝自动退休的职员在不知不觉中接受了"我快退休了"的想法。其实，很多人只是没有意识到或者不敢去意识到自己迟早会退休，这样的过程很费时间，但效果却很好。人事经理请预定退休的职员们计算可领到多少退休全，以及该缴多少税全，同时建议他们不妨去找财务经理商量商量，因为财务经理在一定范围内可为退休职员做最有利的打算。结果这些有意退休者接受了人事经理的意见，还有不少人对于公司的关怀表达了感激之情。

常用的入题技巧一般有下面两种：

1. 迂回入题

迂回入题法主要从介绍己方谈判人员入题，可将有关流行的事物作为话题入题，从介绍己方的生产、经营财务状况等入题。

2. 直接入题

用开门见山的方法入题，就是直接谈与正题有关的内容。

（二）谈判中的叙述技巧

1. 语言要通俗

你的叙述要让对方立即听懂，并能理解，应避免使用晦涩的语言，对方才能准确、完整地理解己方的观点。

2. 语速要适中

通常情况下，说话的速度分为快速、中速、慢速三种，这三种速度可以针对不同的情绪与内容发挥出不同的效力。

以中速的节奏说话，是谈判中普遍适用的一种方法。中速说话可以给对手以必需的时间，让对手从容领略你的观点、立场和态度，同时也营造了一种平静的氛围，为策略所需要的"快速"与"慢速"创造条件和时机。

我们不提倡在谈判中快速说话，但可以在你表明立场时运用快速说话。另外，在表达激动的情绪时也可采用快速说话的方式。说话节奏放慢，一般用于在强调某个立场或是向对手表达你的不满情绪，以期引起对手的注意和重视的时候。原则上说，这两种方式不宜过多使用。

3. 语气要中等

在谈判中，语气的强弱对于意见的表述也有重要影响，通常运用一种中等的语气，给谈判对手留下"正常"的印象，同时也给提高语气和降低语气埋下伏笔。

以高嗓门说话，表达某种特定的感情和态度时是很有必要的。通常有两种情况可以提高嗓门：当你受到对手无礼的或是有意无意的侮辱时；或者当谈到双方观点取得一致，说话非常投机时。以低嗓门的方式说话，在表达诚意、亲近和无奈的感情时运用较多。

4. 态度要坦诚

坦诚相见是获得对方同情和信赖的好办法，人们往往对坦诚的人有亲切感；坦诚还能满足听者的自我意识及充分的权威感。因此，坦诚常能达到预期的效果。当然，坦诚要有度，不能把一切和盘托出，尤其那些与此次谈判有关的核心机密，绝不可坦诚交底。

5. 叙述要简明、扼要

无论多么复杂的谈判，一方总是期待对方提供些信息，而提供信息的一方也期待对方做出某种反应。如果信息必须由己方提供，要注意不能做详细的长篇大论。

首先，由于己方谈判人员滔滔不绝，对方会认为己方不给他思考的机会，因而感到烦躁；其次，由于提供的信息太多，对方觉得他所同意和他所反对的东西相互交叉，无法对其中的一些看法表示否定或肯定，容易导致谈判气氛紧张。

通常，一般人一次只能接受 3~5 个事项。所以，谈判者在叙述自己的看法时，一定要做到简明、扼要；必要时，可以多花些时间，一部分一部分地分几次提出来，中间给对方以思考和决策的时间；与此同时，也要提供己方的看法和主张所依赖的根据，这样才可使对方信服。不管是哪种叙述方式，最重要的是要让对方感觉到你的提议可以给他带来实质性的利益。

（三）谈判结束叙述的技巧

在谈判中结束语起着压轴的作用，在谈判中占据特殊地位。出色的结束语，既可以让对方深思，又可以引导对方陈述问题的态度与方向。如果己方所述问题不单一，或陈述方式跳跃性强，则结束时还应加以归纳、提炼。

一般来说，结束语宜采用切题、稳健、中肯并富有启发性的语言，做到有肯定、有否定，并留有回旋余地，尽量避免下绝对性的结论。

常见的结束语有"今天的会谈进一步明确了我们彼此的观点，并在某问题上达成了一致看法，但在某问题上还需要再谈。"或者"对贵方的要求我刚才谈了我们的意见，但关于这个问题我们打算进一步研究，待下次见面再谈，您看如何？"

总之，结束语是不可忽视的一个方面，在实践中应视会谈的情况而定，既有刻板的、公式化的结束语，也有友好、诙谐、促进性的结束语，不能一概而论。

三、提问的技巧

谈判中提问的目的，是为了了解对方的想法和意图、掌握更多信息的重要手段和有效途径。一般来说，通过有效的提问，可以引起对方的注意，使对方对提出的问题予以重视；收集对方的信息，发现对方的需要，以便对症下药；调动对方的积极性，争取谈判的主动权；为对方的思考和回答规定方向，进而有助于控制谈判的方向，使话题趋向结论。另外，提问还有证实和测定的作用。因此，谈判者应充分了解提问的类型，掌握提问的要领，灵活、艺术地运用提问的技巧。

（一）提问的常见类型

在商务谈判中，运用比较多的提问方式有以下几种：

1. 封闭式提问

在一定范围内引出肯定或否定问题的答复。例如，"您同意这个价格吗？""条件就是这些，您决定了吗？"封闭式提问通常可使发问者获得特定的信息资料，但有时会带有相当程度的威胁性，从而引起对方的不快。

2. 开放式提问

在广泛的领域内引起的广泛答复，通常无法以"是"或"否"等简单字句答复。例如，"您的意思……？""您对当前的市场前景有何看法？"

3. 证实式提问

针对对方的答复重新措辞，使对方证实或补充性的答复。例如，"根据您刚才的陈述，我……是这样的吗？"

4. 引导式提问

对答复具有强烈的暗示性，是反义疑问句的一种。它具有不可否认的引导性，几乎使对方没有选择的余地，只能产生与发问者观念一致的反应。例如"在交货时，难道我们不考虑入境的问题？"

5. 选择式提问

将自己的意见摆明，让对方在划定的范围内进行选择。由于选择式提问一般都带有强迫性，因此在使用时要注意语调得体、措辞委婉，以免给人留下专横独断、强加于人的不好印象。例如，"只有今天，您说是上午还是下午？"

6. 借助式提问

凭借权威的力量来影响谈判对手，被借助者应是当事人了解并能对其产生积极影响的人或机构。否则，就会影响其效果，甚至适得其反。例如，"我们请教了××顾问，对该产品的价格有了较多的了解，请您考虑，是否可以把价格再降低点？"

7. 探索式提问

针对双方所讨论的问题要求进一步引申或说明。它不仅起到探测、发掘更多信息的作用，而且还显示出发问者对问题的重视。例如，"我们负责运输，贵方在价格上是否再考虑考虑？"

8. 婉转式提问

在没有摸清对方虚实的情况下，采用婉转的方式，在适当的场所或时机向对方提问题。它既可避免被对方拒绝而出现的难堪，又可以自然地探出对方虚实，从而达到自己的目的。例如，"这种产品的功能还不错吧！您能评价一下吗？"

9. 协商式提问

为使对方同意自己的观点，采用商量的口气向对方发出的提问。这种方式语气平和，对方容易接受，而且即使对方没有接受自己的条件，谈判的气氛仍能保持融洽，双方仍有继续合作的可能。

（二）提问的要领

在谈判过程中，提问技巧的应用，除了对提问类型和提问技巧进行选择外，还要注意提问要领。

1. 提问时机

注意对手的心境，在对方最适宜答复问题的时机提问，一般的提问时机包括：在对方发言结束后提问；在对方发言的间隙时提问；在自己的发言前后提问；在规定的辩论时间里提问。

2. 提问速度

按平常说话的速度提问。太急速的发问易令对手认为你不耐烦或抱有审问的态度；太缓慢的提问易令对手感到沉闷。

3. 提问准备

注意事先对主题、范围、可能的答复进行构思，不要问得漫无边际，引起对手的误解。

4. 提问次序

发问的先后次序要有逻辑性，不要跳跃。有时变换下问题的顺序，会有意想不到的效果。提问主题，所有的问句都必须环绕一个中心主题，如果事先考虑直接涉及中心主题会得到抵制，可以由广至专，对有些问题不妨先打外围战，逐步缩小包围圈，这有助于缩短沟通的距离。

（三）提问时要注意的问题

在提问过程中要注意把握以下几点：

1. 预先准备好问题

准备的问题最好是对方不能迅速想出适当答案的问题，以期收到意想不到的效果。同时，预先有所准备也可预防对方反问。有些有经验的谈判人员，往往是先提出一些看上去很一般，并且比较容易回答的问题，而这些问题恰恰是随后所要提出的比较重要问题的前奏。这时，如果对方思想比较松懈，突然面对所提出的较为重要的问题时往往措手不及，己方可收到出其不意的效果。

2. 要避免提出那些可能会影响对方让步的问题

这些问题会明显影响谈判效果，给谈判的结局带来麻烦。提问时，不仅要考虑自己的退路，同时也要考虑对方的退路，要把握好时机和火候。

3. 不强行追问

如果对方的答案不够完整，甚至回避不答，这时不要追问，而是要有耐心和毅力等待时机到来时再继续追问。

4. 简单提问

可以提一些你已经知道答案的问题，了解对方的诚实程度。

5. 提出问题后应闭口不言，专心致志地等待对方做出回答

问题是己方提出的，对方有义务回答或以回答来打破沉默，或者说打破沉默的责任将由对方来承担。

6. 要以诚恳的态度来提问

当直接提出某个问题而对方不感兴趣，或是态度谨慎而不愿展开回答时，我们可以转换一个角度，并且用十分诚恳的态度来问对方，以此来激发对方回答问题的兴趣。

7. 提出问题的句式应尽量简短

在商务谈判中，提出问题的句式越短越好，而由此引出的回答则是越长越好。

8. 在谈判中一般忌讳问题

带有敌意的问题，有关对方个人生活、工作的问题，直接指责对方品质和信誉方面的

问题，为表现自己而故意提问等。

9. 提问的速度应适宜

提问时说话速度太快，容易使对方感到你是不耐烦，甚至有时会感到你是在用审问的口气对待他，容易引起对方反感。反之，如果说话太慢，容易使对方感到沉闷、不耐烦，从而也降低提问的力度。

10. 反复提问

可以用各种方式反复提同一个问题，看其回答是否一致？

同步案例 7 - 8

周总理的应答技巧

在一次记者招待会上，一位西方记者问周总理："中国人民银行有多少资金？"这个问题涉及国家机密，周总理说："中国人民银行发行面额为十元、五元、二元、一元、五角、二角、一角、五分、二分、一分的十种主辅币人民币，合计为十八元八角八分。"总理的回答，既未泄密，又极风趣地回答了问题，赢得了听众的热烈掌声。

在商务谈判中，提问有艺术，回答也有技巧，问得不当，不利谈判；答得不好，同样也会使己方陷入被动。一般情况下，在商务谈判中要正面回答问题。对于询问，要实事求是地相告。但是，谈判桌上的提问往往五花八门，有些甚至是居心叵测，因此对所有的问题都正面提供答复并不一定是最好的回答，这就要求谈判者在面对对方的发问时，应沉着冷静，摸清对方的真实意图，然后再根据不同情况予以应对。因此，谈判者应充分了解和掌握回答问题的类型和技巧。

（四）回答问题的类型

按照回答的方法。可分为依发问人的发问动机回答、缩小外延回答、不正面回答、不确切回答和使问话人中止追问的回答五种方式。

1. 依发问人发问动机回答

谈判者在提问时总有一定的动机。有时，为了使回答者的回答产生漏洞，提问者往往使问题模棱两可，使回答者对提问者的目的或动机判断失误，从而为自己制造可乘之机。因此，回答者在回答之前，必须摸清对方意图，不可自以为是、想当然地回答。

2. 缩小外延回答

缩小外延回答就是将问话的范围故意缩小的回答。例如，某商场和一家塑料制品厂进行商品买卖谈判，商场谈判人员询问"贵方产品质量如何？"假设塑料制品厂的塑料制品在耐腐蚀、耐酸碱、硬度等几个指标上非常突出，而在耐高温指标上相对较弱。制品厂的谈判人员可以有意识地缩小对方"质量"这个概念的外延，只对突出的指标耐腐蚀、耐酸碱和硬度进行详细的回答，给对方造成产品质量好的印象。

3. 不正面回答

不正面回答是指回答者似答非答、含糊其词。这种回答通常使提问者无法得到准确答复，巧妙地避开问题的实质，而将问题引向歧路。例如，在新技术买卖的谈判中，买方问这种新技术投入使用的费用是多少。卖方知道这种新技术一旦投入，一期费用必然很高，而如果如实回答，很可能导致谈判破裂，于是卖方就说"请让我来说明一下这种新技术的特殊功能及开发远景好吗？听完我的介绍以后，您对这种新技术带来的远期收益会非常满意的，我相信您对这种新技术转让的价格也一定会满意的。"这一番回答，巧妙地转移了对方对价格的注意力，而使问题被引到特殊功能和远期收益上来。

4. 不确切回答

不确切回答是指用留有余地的答复方法来回答那些若明确回答会陷己方于不利的问题。高明的谈判者在遇到类似问题时，往往用以下托词，诸如"时间会做出结论""我们回去再研究一下""您的提问超越了我的授权范围，我现在暂时无法给您答复"。

5. 使问话人中止追问的回答

在谈判中，对于棘手的问题，回答者使用问话者不能继续追问而采用的回答技巧。如果无法立刻回答对方，可以寻找借口，有意推托；对于那些在谈判中难以回答或不想回答的问题，可以反客为主，以问代答。

（五）回答问题的技巧

1. 充分考虑，缜密思索

谈判中，对对方的提问，在回答之前必须经过缜密思考，即使是一些需要马上回答的问题，也应借故拖延时间，经过再三思考后再回答。如"先生，请您把问题再说一遍好吗？"这样可以为自己赢得思考问题的时间。

2. 以反问代替回答

以问代答是应付谈判中那些一时难以回答或不想回答的问题的方式，就好像把别人踢来的球再踢回去一样，让对方在反思中自己寻找答案。这种回答对应付一些不便回答的问题是非常有效的。如对方说"我方只能出价 200 元"，我方可回答"为什么出价这么低？"，或对方说"我接受不了你的价格"；我方可回答"为什么？"诸如此类的反问，可以化解对方的攻势，排除交易的障碍。

3. 运用模糊语言

谈判中，对那些很难答复或不便确切答复的问题，可以采取模棱两可、留有余地的答复方式。例如，在商务谈判中，你被要求表达而自己认为时机未到时，你可以这样回答"可以，待我向总经理通报一下情况后，我将以最快速度转告贵方。"表面上是答应了，而事实是否定了。这种用积极的态度和模糊的语言相结合的表达方式所构成的防线，对方是难以打开的。

4. 将错就错，避正答偏

在沟通过程中，由于双方在表述与理解上的不一致，错误理解对方讲话意思的事情也是经常发生的，当对方对我方的答复产生错误的理解，而这种理解又符合我方的利益时，就应该将错就错；当出现一些可能对己不利的问题时，可采用故意避开问题的实质，避正答偏，而将话题引向歧路，以破解对方的进攻。

5. 不彻底回答

这是指答话时将对方的问题有意缩小，只回答问题的一部分，或者对回答的前提加以修饰和说明。例如，对方对某种产品的价格表示出关心，发问者直接询问这种产品的价格，如果彻底回答对方，把价钱一说了之，那么进一步谈判过程中，回答的一方可能就比较被动了。但假如采取另一种回答"我相信产品的价格会令你们满意的，请先让我把这种产品的几种性能做一个说明好吗？我相信你们会对这种产品感兴趣……"。这样回答，就明显地避开了对方的发问主题，也避免了一下子把对方注意力吸引到价格问题的焦点上来。

6. 有理有据，不知者不答

回答问题必须做到理由充分，有事实依据，避免用胁迫、蔑视的口气回答。有时在谈判中经常会遇到一些陌生的或不懂的问题，可以坦率地告诉对方不能回答或暂时不回答，盲目回答则有害无利。

四、说服的技巧

谈判中的说服，就是综合运用听、问、答、叙等各种技巧，改变对方的初始想法，使之接受己方的意见。说服有助于达成有利于己方利益的协议，有助于建立良好的谈判者形象，有助于提高谈判的效益。

同步案例 7 – 9

一只苍蝇的故事

一位怒气冲冲的顾客来到乳制品公司，声称他在食用该公司生产的奶粉中发现了一只苍蝇，他要求该公司为此进行赔偿。

但事情的真相是，该公司的奶粉经过了严格的卫生处理，为了防止氧化作用特地将罐内的空气抽空，再充入氮气密封，苍蝇百分之百不能存活，过失明显在于消费者。然而，面对顾客的强烈批评，该公司的老板并没有恼怒，而是耐心地倾听，等顾客说完了之后，他才说"是吗？那还了得！如果是我们的过失，这问题就非常严重了，我一定要求工厂机械全面停工，然后对生产过程进行总检查。"接着老板进一步向顾客解释"我公司的奶粉，是将罐内空气抽出，再装氮气密封起来，活苍蝇绝不可能，我有信心要仔细检查，请您告诉我您使用时开罐的情况和保管的情况好吗？"经过老板的这一番解释，顾客自知保管有误，脸上露出尴尬的神情，说"是吗？我希望以后别再发生类似的事情。"

（一）说服的三阶段

1. 消除对抗阶段

要想说服对方，首先要找到与对方的共鸣点，消除对方的对抗情绪，用双方共同感兴趣的问题作为跳板，因势利导地解开对方思想的症结，说服才能奏效。假定某一陌生人试图说服你采取某种行动（签订合同，订购某种货物等），你的当场反应可能是"你是什么人，居然想影响我方？"这即是说，当一个人考虑是否接受说服之前，他会先衡量说服者与他的熟悉程度和亲善程度。由此推知，一旦想扮演说服者的角色，在企图说服他人之前，必须先与他建立相互信赖的人际关系。

2. 耐心说服阶段

在对方与己方建立了一定程度的人际关系之后，己方可以开始自己的说服过程。为使己方的说服显得特别恳切，谈判者应能说清为何在众多的"候选者"中选择他作为说服对象，对方的利弊得失，自己的一部分或全部的"利己"动机。

3. 提议接纳阶段

为使被劝说者接纳己方提议，并防止其中途变卦，应设法令接纳的手续变得简单。例如，在需要书面协议的场合，可事先准备一份原则性的初步协议书，告诉被劝说者"你只需要在这份原则性的协议书草案上签名即可。至于正式协议书，我会在一星期内准备妥善，到时再送到你那儿供你详细斟酌。"这样，就可当场取得被劝说者的承诺，并可避免在细节方面大费周折。

（二）说服的技巧

1. 说服"顽固者"的技巧

在业务往来过程中，我们相信多数对手是能够通情达理的，但也会遇到固执己见、难以说服的对手。对于后一种，人们常常感到难以对付。他们好像让人难以理解，因为他们总是拿理不当理讲，有时甚至根本"不进油盐"，让人左右为难。其实，这种人在很大程度上是性格所致，并非他们不懂道理。事实上，只要我们抓住他们的性格特点，掌握他们的心理活动规律，采取适宜的说服方法，晓之以理，动之以情，他们是会接受正确的意见，完全可以被说服的。"顽固者"往往比较固执己见，这通常是性格比较倔强所致。他们有时心肠很软弱，但表面上不轻易地"投降"，甚至还可能态度十分生硬，有时还会大发雷霆。其实，有时他们自己也搞不清谁对谁错，但还是在外表上硬是坚持自己的观点。有时他们尽管明知自己已经错了，但由于自尊心的作用，也不会轻易地承认自己的错误，除非你给他一个"台阶"。因此，在说服"顽固者"时，通常可采取以下几种方法：

（1）第一种方法——下台阶法。当对方自尊心很强，不愿承认自己的错误，从而使你的说服无济于事时，你不妨给对方一个"台阶"下，说说他正确的地方，或者说一说他错误存在的客观根据，这也就是给对方提供一些自我欣慰的条件和机会。这样，他就会感到没有失掉面子，因而容易接受你善意的说服。

（2）第二种方法——等待法。有些人可能一时难以说服，不妨等待段时间，对方虽然没有当面表示改变看法，但对你的态度和你所讲的话，事后他会加以回忆和思考的。必须指出，等待不等于放弃，任何事情，都要给他人留有一定的思考和选择的时间。同样，在说服他人时，也不可急于求成，要等待时机成熟时再和他交谈，效果往往比较好。

（3）第三种方法——迂回法。当有的人正面道理已经很难听进去时，不要强行或硬逼着他进行辩论，而应该采取迂回前进的方法。就像作战一样，对方已经防备森严，从正面很难突破，解决办法最好是迂回前进，设法找到对方的弱点，一举击破对方。说服他人也是如此，当正面道理很难说服对方时，就要暂时避开主题，谈论些对方感兴趣的事情，从中找到对方的弱点，逐渐针对这些弱点，发表己方的看法，让他感到你的话对他来说是有用的，使他感到你是可信服的，这样你再逐渐把话转入主题，晓之以利害，他就会更加冷静地考虑你的意见，容易接受你的说服。

（4）第四种方法——沉默法。当对方提出反驳意见或者有意刁难时，有时是可以做些解释的。但是对于那些不值得反驳的问题，倒是需要你讲究一点艺术手法，不要有强烈的反应，相反倒可以表示沉默。对于一些纠缠不清的问题，如果又遇上了不讲道理的人，只有当做没听见，不予理睬，对方就会觉得他所提出的问题可能没有什么道理，人家根本就没有在意，于是自己也就会感到没趣而不再坚持了，从而达到说服对方的目的。

2. 认同的技巧

在业务洽谈中要想说服对方，除了要赢得对方的信任，消除对方的对抗情绪，还要用对方共同感兴趣的问题作为跳板，因势利导地解开对方思想的细节，说服才能奏效。事实证明，"认同"是双方相互理解的有效方法，从而也是说服他人的一种有效方法。

所谓"认同"，就是把自己的说服对象看成与自己相同的人，寻找双方的共同点，这是人与人之间心灵沟通的桥梁，也是说服对方的基因。在人与人的交往中，首先应求同，随着谈话的深入，即使是对陌生人，也会发现越来越多的共同点。业务洽谈更是如此，双方是本着合作的态度走到一起来的，共同的东西本来就很多，随着双方谈判的进展，也就越来越熟悉，在某种程度上会感到比较亲近。这时某些心理上的疑虑和戒心也会减轻，从而也就便于说服对方了，同时对方也容易相信和接受己方的看法和意见。

3. 抓住时机，列举实证的技巧

洽谈成功的一个重要方面在于把握时机，时机会给谈判者的说服工作增添力量。这里所讲的时机包括两个方面的含义：一是己方要把握对说服工作有利的时机，趁热打铁，重点突破；二是向对方说明，这正是接受意见的最佳时机。通过向对方讲清，人往往由于未能很好地听取别人的意见，而永远地失去了成功的机会，对方就会自动做出抉择。

在抓住时机的同时，能够举例实证，讲一讲实证例子的具体情节，帮助己方证明自己观点的正确性，也是非常有帮助的。例如，在证明自己是能够如期履约的问题时，只靠下保证或表决心是不能说明问题的，对方也不会信服。这时可在适当的时候，列举己方过去与某客商如期履约的实例，特别是如果能够列举自己在比较艰难的情况下仍如期履约，这对说服对方相信自己是非常有效果的。

4. 循序渐进的技巧

谈判中说服对方，好比做思想工作一样需要遵照循序渐进、由浅入深、从易到难的方针。开始时，可以避开重大难题，先来进行那些容易说服的问题，打开缺口，逐步扩展。一时难以解决的问题可以暂时抛开，等待适当的时机再进行解决。

5. 揉面的技巧

生活中揉面是人们常见的，谈判中类似用"揉面"的方法，将尚未解决的问题掺在已经解决的问题中进行说服。这样可以使本来没有解决的问题很快得以解决，必须指出的是，运用这种说服技巧时，不可把相互抵触的问题加在一起进行，因为这样只能使问题更加复杂。另外，运用此法还必须掌握好时机，不可急于求成。

6. 对比效果说服法

人在判断事务时，往往会在无意识之中将它拿来和其他事务作比较。也就是说，一个人被提到某事时，他会以社会上的一般常识，也就是共通的感觉作为判断的基准，以衡量二者优劣，这是一般人共同的心理。

所以，我们应该事先找出与一般常识背道而驰的项目和欲提示的正事一起提出，使对方脑中被此二事占满，而仅就两件事选一较有利者。也许所提示的那件事，在事先想起来会觉得是无法接受的要求，可是在当时相互比较之下，却认为是较有利的方向，而毫无抵抗地接受了，这就是"对比效果"。也就是说，跟意图上的大利益比较起来，原来的不利会降至最低点。

五、沉默的技巧

（一）沉默的含义

（1）在讲话之中故意安排短暂的沉默，其意思是要引起听者的注意，集中视听。

（2）沉默表示听者在思考，还没有明确的结论。

（3）听者的沉默表示没有理解谈话者的意思，有些疑惑，这可以参考其他信息来确定。

（4）沉默表示听者有不同意见，不认可谈话者的说法。

（5）沉默表示一种不太好意思的要求，一种吃不准对方是否会接受的要求。

（二）沉默的特点

1. 语境效应快

这是因为沉默能迅速消除语言传递中的种种障碍，使听者的注意力集中，就好比老师在上课的时候，上课铃声一响，学生就自觉安静下来，沉默使听者的情绪得到一种无声的感染。

2. 时效性长

"没有一点声音，没有任何喝彩，只有那震耳欲聋的静寂。"——这便是沉默所能达到的最佳传播效果。当然，沉默的长度能对听者产生一定的影响，但是必须加以适当的控制，如果时间掌握不当，只要稍微放长了一点点，对手就会从这稍长的瞬间觉醒过来，在高潮之前做好了心理准备，那么你的沉默就显得平淡无奇。因此，如果不分场合故作深沉高雅而滥用沉默，其结果将会适得其反，给人留下矫揉造作的印象。

3. 寓意丰富

沉默所表达的意思是丰富多彩的，它以语言形式的最小值换取最大意义的交流。沉默既可表达无声的赞许，也可表达无言的抗议；既是欣然默认，又可以是保留己见；既是威严的震慑，又可以是心虚的流露；既是毫无主见，附和众议的表示，也可以是不达目的誓不罢休的标志。从一定意义上说，沉默是声音中的空白，既是内容的延伸和升华，又是对有声语言的补充。

（三）对付沉默的技巧

除了第一种是谈话者讲话中的短暂沉默外，其余都是听者的沉默反应。对于第二种沉默，谈话者必须要有耐心，要等一等、再看一看，切莫操之过急。对第三、第四种沉默，谈话者应该参考其他信息，如脸部表情等来确定沉默的含义。而第五种沉默是最难确定的，这时候还是需要有耐心。在商务谈判中，常会遇到这种情况，当自己对某一问题讲了一大通话之后，对方沉默并不动声色，自己可能感到难堪、彷徨、不安，但要切记这种时候一定要有耐心，在自己没有弄清对方沉默的含义之前不要谈得更多。可以这样说，在谈判中沉默往往是一种较量，谁忍耐不住沉默谁就有可能输掉。一方面我们要适度地运用沉默，另一方面对待沉默我们要有足够的忍耐。

（四）适度运用沉默

沉默是种较量，也是一种回答。适度运用沉默，既可引起对方的注意与反思，又可为我方赢得思考时间，争取谈判的主动权。谈判时讲的话不必、也不可能全部为真。有经验的谈判者都有这样的体会：在谈判中对任何问题的准确回答不一定是最好的回答。有时候回答得越准确，越显得被动和愚蠢；半明半隐，似是而非，搪塞转题，反而使自己主动。只有在极其必要又有确切的把握且对自己有利的情况下，才可考虑做准确完整的回答。

🌀 素养园地

弘扬诚信文化　健全诚信建设长效机制

人无信不立、业无信不兴、国无信不强。诚信是社会主义核心价值观的重要范畴，是人与人之间和谐社会关系的体现，是人类文明发展共同的价值需求，是衡量社会文明发展程度的重要标志。党的二十大报告提出："弘扬诚信文化，健全诚信建设长效机制。"深刻学习领会习近平总书记关于诚信的重要论述，需要我们将理论和实践相结合来思考这个重大课题。

一、诚信是中华民族的传统美德

诚信是中华民族的传统美德，也是人们相互信赖和相互依存的重要前提。"诚者，天之道也；思诚者，人之道也。""儒者则因明致诚，故天人合一。"孔子认为诚信是做人的根本，"人而无信，不知其可也"。《中庸》讲"诚者，天之道也；诚之者，人之道也"，将"诚信"提升到哲学层面，视为自然法则、人伦之理。纵观中国历史，在两千多年的历史中，诚信已经融入中华民族生存发展、继往开来的血液里。

在中国传统文化中，诚信体现在做人做事、从商从政各个方面，具有丰富内涵。择其要旨而言，诚者，表里如一；信者，言行一致。从人和自然的关系来看，诚信要求人们在认识、改造自然的活动中，尊重客观事实，不作假；从人与人的关系来看，要求人们信守诺言、遵守契约；从人与自身的关系来看，要做到做人实在，不矫饰、不虚伪。

其次，诚信也是发展社会主义市场经济的基本原则。社会主义市场经济是信用经济、法治经济。企业家要同方方面面打交道，调动人、财、物等各种资源，没有诚信寸步难行。社会主义市场经济其实是建立在诚信原则的基础之上，如直播带货、七天无理由退货，超越了资本主义市场经济所固有的资本逻辑的局限性，能够及时而有效地避免或纠正由于市场趋利行为而导致的严重失信行为。

二、健全诚信建设长效机制的重要性

党的十八大以来，以习近平同志为核心的党中央高度重视诚信建设，取得了一系列重要成果。社会信用体系建设持续推进，"一处失信、处处受限"的良好态势正在形成，如失信黑名单制度、老赖限制出行、限制银行贷款、民政部门限制相关审批项目等。2022 年，中共中央办公厅、国务院办公厅印发《关于推进社会信用体系建设高质量发展促进形成新发展格局的意见》，强调信用体系对推进高质量发展的支撑作用。在传统意义上的失信行为得到有效遏制，整个社会诚信文化向上向好、社会信用体系建设日益完善的同时，我们也看到，伴随着互联网新业态的发展、大数据技术的广泛使用，一些新的诚信问题又涌现出来，如网络诈骗、"大数据杀熟"、商标抢注、论文倒卖等备受关注。这些诚信"堵点"，成为推动经济发展和社会进步的"碍点"，严重影响了人民的获得感、幸福感和安全感。

党的二十大报告指出："中国式现代化是物质文明和精神文明相协调的现代化。"一个社会的诚信文化建设，直接反映了精神文明建设的水平。人类文明的三阶段：图腾崇拜—权力控制—共识融合，这三个阶段是递进和包含的关系，并非简单的摧毁和继承关系。如

今，世界大部分地区和人口还处在第二阶段。中国式现代化开始用共识实现融合面对当前世界百年未有之大变局，面对以中国式现代化实现中华民族伟大复兴的使命任务，面对构建高水平社会主义市场经济体制的新要求，中国式现代化的推进需要我们进一步加强个人诚信、政务诚信、商务诚信、社会诚信和司法公信建设。

三、建设诚信社会要做到内化于心，外化于行，固化于制

诚信是人类文明进步的重要标识，是个体安身立命之本，是社会欣欣向荣的重要前提。讲诚信，是对人民和社会的尊重，也是对人民和社会的责任。我们要动员广大人民群众参与到弘扬诚信文化和建设诚信社会中来，成为社会主义诚信文明的建设者和见证者，树立起社会主义的诚信大旗，使诚信成为人们自觉遵循的公序良俗和社会风尚。

（一）要优化公民诚信德育策略

社会主义诚信价值观需要通过有组织、社会化的诚信德育活动，才能内化于心、外化于行。对此，一方面要推进学校诚信德育与家庭诚信德育并举，"从娃娃抓起"，传播真、善、美等价值取向；另一方面要树立接地气的诚信榜样，实事求是地挖掘和宣传诚信榜样故事，让诚信行为成为人民群众可感知、可触及、可学习、可复制、可共享的实际活动。

（二）要做到市场诚信监管机制建设与诚信人格建构同步并举

用完善的制度和立法来规范经营主体的权利与义务，为市场诚信原则的落细、落小、落实打下坚实的"硬件基础"。加强诚信相关立法，莫让"扶不扶""帮不帮""救不救"成为社会的"痛点"。完善市场失信举报评估机制，保护举报人隐私，严肃处理诬告、陷害等不诚信行为，不能让英雄流血又流泪。完善诚信奖惩制度，对企业的生产、经营、销售环节进行严格评估定级，如企业年度积分机制。加强市场监管力度，对扰乱市场秩序不诚实、不合法劳动坚决取缔，增加失信成本。让失信违法行为成为市场上的"过街老鼠"，人人喊打。

（三）坚持以人民为中心，不断增强政治诚信

国家在培育和践行社会主义诚信价值观的过程中发挥着主导作用，人民立场是中国共产党区别于其他政党的重要标志，时代是出卷人，我们是答卷人，人民是阅卷人。"江山就是人民、人民就是江山。"空谈误国、实干兴邦，认真贯彻落实政务诚信是取信于民的直接途径，政务诚信是社会信用体制建设的关键，让人民来监督政府，让权利在阳光下运行，筑牢诚信之基，让人人守信蔚然成风。因此，政府部门在行政许可、政府采购、招标投标、劳动就业、社会保障、科研管理、干部选拔、任免等方面做到依法、公开、公正、透明。简化办事程序，让信息多跑步，百姓少跑路。在真心诚意的服务中培育与人民群众的鱼水情，增进彼此的信任感，从而引导整个社会的诚信建设。

人无信不可，民无信不立，国无信不威。诚信是一个人安身立命之本，是社会发展进步的基石，是国家友好交往的前提。新时代诚信文化建设不仅关乎美好生活，也是国之大者。

［资料来源：华声教育．习近平在中国共产党第二十次次全国代表大会上的报告（节选）．https://baijiahao.baidu.com/s？id=1778178387591372653&wfr=spider&for=pc］

思考：

请结合二十大大报告，联系自身实际，谈一谈诚信建设的重要性？

素养提示：

随着全社会诚信意识增强，经济社会发展信用环境明显改善，经济社会秩序也有显著好转。以信用信息资源共享为基础的覆盖全社会的征信系统基本建成，信用监管体制基本健全，信用服务市场体系比较完善，守信激励和失信惩戒机制全面发挥作用。政务诚信、商务诚信、社会诚信和司法公信建设取得明显进展，市场和社会满意度大幅提高。

同步训练

一、单选题

（1）沉默语言在表达目的上的特点是（　　）。

A. 使人发笑　　　　　　　　B. 有深刻的寓意

C. 友好善意　　　　　　　　D. 具有讽刺性

（2）商务谈判沟通中，语言符号与非语言符号传播的信息具有（　　）。

A. 一致性　　　　　　　　　B. 不一致性

C. 既有一致性、又有不一致性　　D. 无相关性

（3）你认为对于优秀的商务谈判者，以下（　　）是最重要的。

A. 擅长讲话　　　　　　　　B. 善于倾听

C. 善于理解别人　　　　　　D. 善于博取别人的同情

（4）军事语言的特征是（　　）。

A. 威武、雄壮和坚定　　　　B. 干脆、坚定和自信

C. 威武、不屈和进取　　　　D. 生动、活泼和诙谐

（5）"深表遗憾""双赢"等语言，属于（　　）。

A. 专业语言　　B. 法律语言　　C. 外交语言　　　D. 文学语言

（6）在商务谈判中，与说话者密切呼应的"听"是（　　）。

A. 积极地听　　　　　　　　B. 消极地听

C. 心不在焉地听　　　　　　D. 存在障碍地听

（7）提问时，（　　）。

A. 应该预先准备好问题　　　B. 可以随时提出问题

C. 可以接连不断地提出问题　D. 态度无关紧要

（8）用手指或手中的笔敲打桌面，表示（　　）。

A. 对对方的话题不感兴趣　　B. 同意对方所说的

C. 轻松的感觉　　　　　　　D. 紧张的情绪

（9）有效的沟通（　　）。

A. 不仅需要信息被接收，而且需要信息被理解

B. 是一个单向沟通

C. 只需要信息被接收

D. 只需要有声语言沟通

（10）商务谈判中，躲避谈判对手的提问的最佳手法是（　　）。

A. 缄口不言　　　　　　　　B. 以雄辩震慑对方

C. 转移话题　　　　　　　　D. 反问

二、多选题

（1）商务谈判沟通的三大要素有（　　）。

A. 明确的目标　　　　　　　B. 达成共同的协议

C. 信息、思想和情感　　　　D. 私人关系

（2）商务谈判必须贯彻的原则有（   ）。

A. 把人与问题分开　　　　　　　　B. 集中于利益而非立场

C. 构思彼此有利的方案　　　　　　D. 坚持客观标准

（3）在商务谈判中坚持客观标准，重点解决（   ）。

A. 标准的独立性　　　　　　　　　B. 标准的普遍性

C. 标准的适用性　　　　　　　　　D. 标准的灵活性

（4）善于提问的要诀有（   ）。

A. 注意提问的对象　　　　　　　　B. 明确提问的内容

C. 选择提问的时机　　　　　　　　D. 巧用提问的方式

（5）（   ）可以作为提问的动机。

A. 在对方发言完毕之后　　　　　　B. 在对方情绪激动时

C. 在议程规定的辩论时间　　　　　D. 在我方发言前后

三、简答题

（1）一个完整的信息沟通过程包括哪六个环节？

（2）单向沟通与双向沟通的优缺点是什么？

（3）有效沟通障碍有哪些？

（4）影响倾听的因素是什么？

（5）如何倾听？

（6）论述叙述的技巧有哪些？

（7）提问的常见类型有哪些？

（8）论述说服的技巧有哪些？

 ## 课后实训

一、实训概要

本次实训的目的是掌握商务谈判沟通具体内容，学生按照实训步骤，分析商务谈判沟通中的有效发问与委婉表达技巧，完成实训内容。通过对商务谈判沟通的内容进行认知学习，使学生掌握商务谈判中有效提问与委婉表达的技巧，能够熟知商务谈判沟通的技巧。

二、实训素材

计算机、商务谈判沟通背景资料等。

三、实训内容

（一）分析以下三个问句存在的问题并纠正

背景资料：（1）"你对这个问题还有什么意见？"

　　　　　　（2）"不知各位对此有何高见？"

　　　　　　（3）"这香烟发霉了吗？"

实训具体要求：

每个同学将以作业的形式完成实训内容，并在课堂上要求每个学生对实训内容进行分析。具体内容包括以下两个方面：

（1）试判断上述问句都是无效提问还是有效提问并分析。

（2）依此可将上述三个问句进行修改。

（二）委婉表达训练

下列句子在沟通过程中存在着"过分强调自我""过分刺激对方""伤害对方""增强对抗的心理"等弊端，请你用委婉的表达方式，可改变用词，但不改变原句表意。

背景资料：（1）我方的产品是市场上最好的。

（2）我们要求你方立即交货，否则，我们不同意你方报价。

（3）你们那样做，真是太不明智了。

（4）如所退货物已污损，无法销售，我们将不接受退货。

（5）如果你没理解我所说的，我再重复一遍。

（6）你有什么不明白的吗？

（7）贵方的产品质量太差劲。

实训具体要求：

每个同学将以作业的形式完成实训内容，并在课堂上要求每个学生对实训内容进行分析。具体内容包括以下两个方面：

（1）请以委婉的表达方式表达。

（2）不得改变句子原来意思。

参 考 文 献

［1］何伟祥. 商务谈判［M］. 杭州：浙江大学出版社，2004.

［2］杨晶. 商务谈判［M］. 北京：清华大学出版社，2005.

［3］丁建忠. 商务谈判教学案例［M］. 北京：中国人民大学出版社，2005.

［4］郭芳芳. 商务谈判教程［M］. 上海：上海财经大学出版社，2006.

［5］李品媛. 国际商务谈判［M］. 武汉：武汉大学出版社，2006.

［6］贾蔚，栾秀云. 现代商务谈判理论与实务［M］. 北京：中国经济出版社，2006.

［7］李爽. 商务谈判［M］. 北京：清华大学出版社，2007.

［8］孙绍年. 商务谈判理论与实务［M］. 北京：北京交通大学出版社，2007.

［9］方琪. 商务谈判：理论、技巧、案例［M］. 北京：中国人民大学出版社，2011.

［10］罗杰·道森. 绝对成交［M］. 刘祥亚，译. 重庆：重庆出版社，2008.

［11］刘必荣. 中国式商务谈判［M］. 北京：北京大学出版社，2011.

［12］王进进. 策略性商务谈判技术（多媒体课件）［M］. 北京：北京大学出版社，2008.

［13］黄卫平. 商务谈判（VCD）［M］. 北京：中国财政经济出版社，2005.

［14］王建明. 商务谈判实战经验和技巧［M］. 北京：机械工业出版社，2011.

［15］周庆. 商务谈判实训教程［M］. 武汉：华中科技大学出版社，2007.

［16］中国就业培训技术指导中心. 营销师国家职业资格培训教程［M］. 北京：中央广播电视大学出版社，2006.

［17］王平辉. 商务谈判规范与技巧［M］. 南宁：广西人民出版社，2008.

［18］龚荒. 商务谈判与推销技巧［M］. 北京：清华大学出版社，2005.

［19］石广生. 中国加入世界贸易组织谈判历程［M］. 北京：人民出版社，2011.

［20］高建军. 商务谈判实务［M］. 北京：北京航空航天大学出版社，2007.

［21］罗杰·道森. 优势谈判［M］. 刘祥亚，译. 重庆：重庆出版社，2009.

［22］朱春燕，陈俊红，孙林岩. 商务谈判案例［M］. 北京：清华大学出版社，2011.

［23］刘必荣. 商务谈判高阶兵法［M］. 北京：北京大学出版社，2008.